# 讲给孩子的 妙趣中国史 ⑦

姜天一 著

天津出版传媒集团

天津人民出版社

第 **14** 章

# 小富即安的南宋

## 166 南宋建立

各位同学，大家好，我就是那个人见人爱、花见花开、车见车爆胎的姜 sir。

大家好，我就是那个负责问问题的小 Q 同学。

**姜 sir**：上节我们说到金军从开封撤退之前，立了张邦昌为楚帝，想建立一个完全听命于金国的政权。但金军撤退后根本没人再支持张邦昌，张邦昌只好退位，同时下诏立赵构为皇帝。赵构是宋徽宗的第九个儿子，也是宋钦宗的弟弟。赵构在现在的河南商丘继位，史称宋高宗。

**小 Q**：也就是说，宋朝还可以延续下去了。

**姜 sir**：是的。宋高宗刚刚当上皇帝，就起用李纲为宰相。这时候很多起义军开始对抗金国的入侵，李纲把这些力量加以组织，提出改革军队，准备收复失地。这就叫主战派。

**小Q：**不就应该这样吗，还有相反的派别吗？

**姜sir：**还有主和派，只想用割让土地和给钱的办法求金人不再进军，反对以武力进行抵抗，尤其是建议国家应该在南方建立首都，做好防守保证实力，有机会再恢复故土。

**小Q：**我怎么觉得党派斗争又要来了。

**姜sir：**所以李纲就被罢免，主战派也一个接一个被罢免。而宋高宗带领大臣逃去了扬州，只有留守开封的宗泽把那些归附在他旗下的各地农民起义军加以整合，继续战斗。

**小Q：**当时的老百姓都知道起义，皇帝却想着往南逃走，真气人。

**姜sir：**当时金国在北方强制推行奴隶制，把宋朝的百姓当作奴隶，这就激起了北方人民的反抗精神。河东地区的人民用红巾做标志，组织武装，到处袭击金军。后来军队越来越壮大，有的起义军脸上还刻着"赤心报国，誓杀金贼"八个字，以表示与金军斗争到底的决心，当时人们就管他们叫"八字军"。

**小Q：**这么多的力量，如果团结起来该多好啊！

**姜sir：**以宗泽为首的主战派在朝堂上占有少数，支持的人很少，所以他们知道仅仅依靠自己的力量是绝对不足以击败金兵的。于是宗泽便尽其所能，努力拉拢各路义军，在中原地区聚集起了相当不错的抗金力量，宗泽当时还在军队中提拔新人作为抗金的后备力量，岳飞就是其中的一员。宗泽看出他具备军事才能，便让他前去和金兵交战。岳飞没有辜负宗泽的期待，大败金军，他也因此积累了名望，逐渐成长为抗金的核心力量。

小Q：宋朝的皇帝要是多多支持主战派该多好，别管结果怎么样，最起码不憋屈。

姜sir：金军继续进攻，部队直指扬州，宋高宗赵构仓皇逃往江南。后来金军渡江南下，赵构又从杭州跑出来，漂泊在海上。但金军沿途遭受宋朝军民的不断袭击，最后北撤。经过抗金将士四五年的艰苦奋战，局面才得以稳定下来。为了区分两段历史，后人将"靖康之耻"前面的宋叫北宋，后面的宋叫南宋，也就有了"一宋两朝"的说法。

小Q：南宋土地面积是不是变小了？

姜sir：南宋的面积大约是北宋的三分之二，丧失了秦岭、淮河以北的土地。北宋的都城在今天的河南开封，当时被叫作东京，而等到开封被金国占领以后，南宋的首都就在杭州，当时被叫作临安府。"山外青山楼外楼，西湖歌舞几时休？暖风熏得游人醉，直把杭州作汴州。"这首诗就是在批评南宋的统治者，只知道吃喝玩乐，忘了开封才应该是他们真正的家。

小Q：我也纳闷，为什么不去收复失地呢？

姜sir：其实最大的问题就在于能否打败金国军队，就算

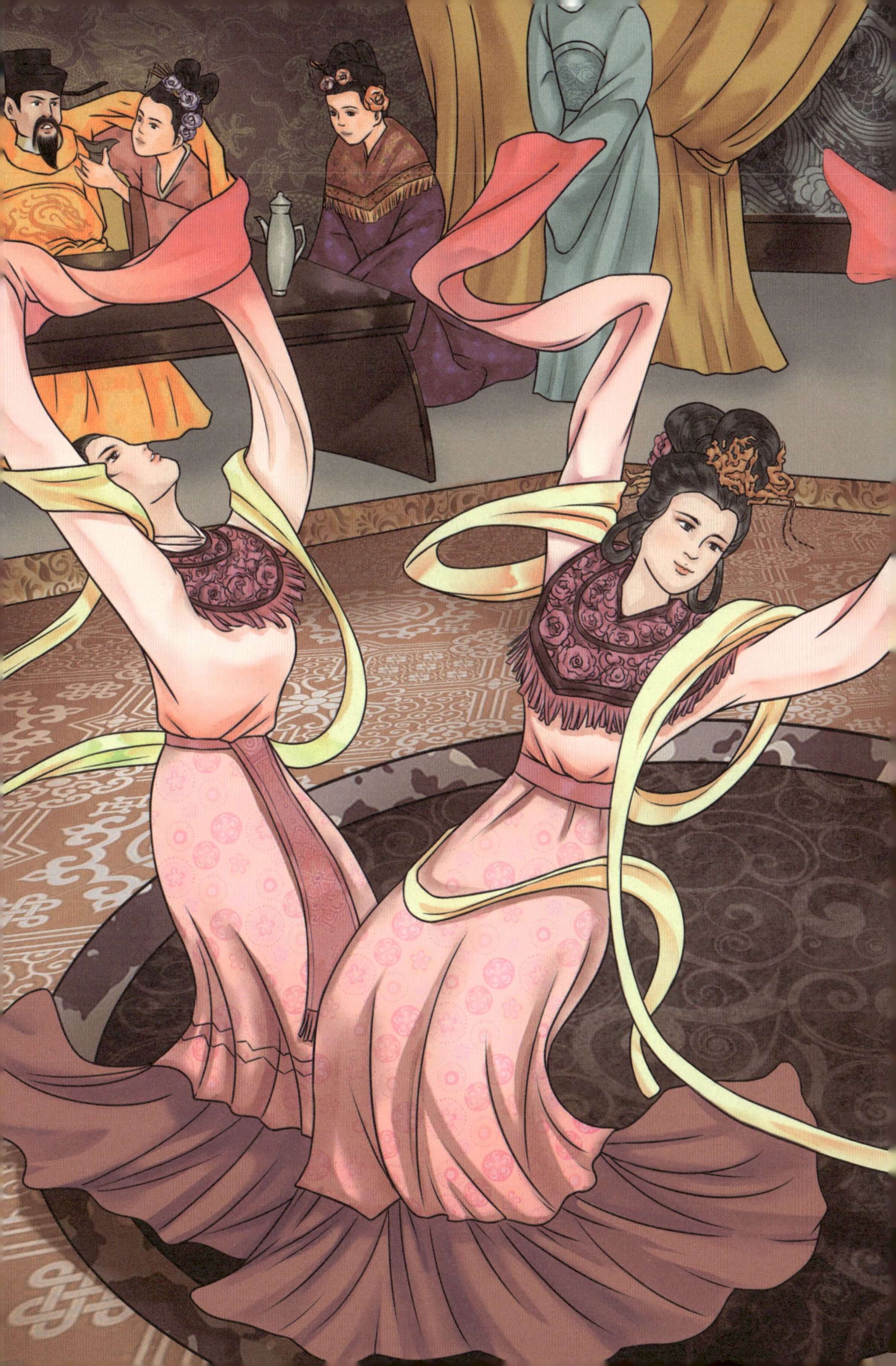

组织一切力量能赢,也可能只是险胜,还有可能会输。如果你是赵构,你会去打金国吗?

小Q:我就喊喊收复失地的口号还行,真要打这种大型战争,考虑的事情还有很多。

姜sir:其实主和派也并不都是胆小的大臣,而是他们想保一方平安,北宋和南宋之间在本质上没有什么区别,就算是北宋的时候,军队还不就是那个样子,同时现在是金国军事实力强盛的时期,即使到了后来,金国实力变弱了,南宋北伐,但还是被金国打败了,何况现在南宋刚刚建立呢。

小Q:说是这么说,但这口气是真咽不下去。

姜sir:功过是非,人人心中都有杆秤,很难定论当时宋高宗赵构做法的对错,而很多后人不喜欢赵构的原因不在于他不北伐,而在于他听信谗言,与秦桧上演了风波亭杀害岳飞的事情。那宋高宗为什么会杀害一个一心收复失地的大将军呢?我们下节见。

## 167 房顶有只大鸟

> 各位同学，大家好，我就是那个人见人爱、花见花开、车见车爆胎的姜 sir。

> 大家好，我就是那个负责问问题的小 Q 同学。

**姜 sir**：上节我们说到南宋建立后，朝堂分为主战派和主和派。而提到主战派就不得不说说抗金英雄岳飞。

**小 Q**：我听过岳飞妈妈在岳飞后背刺"精忠报国"四个字的故事。

**姜 sir**：当时金兵大举入侵中原，岳飞参军前，妈妈把岳飞叫到跟前："现在国难当头，你有什么打算？"岳飞说："当然是到前线杀敌，精忠报国！"于是妈妈决定把这四个字刺在儿子的背上，让他永远铭记在心。岳母刺字的故事广为流传，但这一段故事史书上并无任何记载。

**小Q**：什么？难道岳飞后背没有字？

**姜sir**：《宋史·岳飞传》里记录的是岳飞背后有"尽忠报国"四个字，但为什么后来传成了"精忠报国"呢？宋高宗当时为了表彰岳飞，曾赐给岳飞"精忠岳飞"四个字，并做成了一面旗帜。岳飞每次打仗前都会带上这面旗帜。1552年，《武穆精忠传》里提到，岳飞请人在背上深刺"尽忠报国"四个字。到了明朝末年，《精忠旗传奇》里提到了岳飞命令手下大将张宪刺字"精忠报国"。而到了清乾隆年间，《说岳全传》小说中提到了岳母刺字，流传至今！

**小Q**：看来岳飞还是很有影响力的，后人才会在各种小说中描写他。

**姜sir**：岳飞出生在今河南安阳汤阴县的一个普通农民家庭。但自古以来大家都觉得帝王将相出生不能普通，所以从岳飞孙子编写的书开始，一直到后世各种相关书籍，就将岳飞的出生加入各种神话色彩。

**小Q**：虽然知道是假的，但还是想知道这些传说。

**姜sir**：一个版本是岳飞出生当天，有一只大鸟在岳家屋顶上面飞鸣，所以他被取名叫"飞"，字鹏举。岳飞的爸爸希望岳飞能像大鹏一样展翅翱翔，一飞冲天。另一个版本是岳飞出生还未满月，黄河突然决口，洪水冲到永和乡，岳飞的母亲姚氏抱起还是婴儿的岳飞坐到一个大缸里，随水流漂荡，

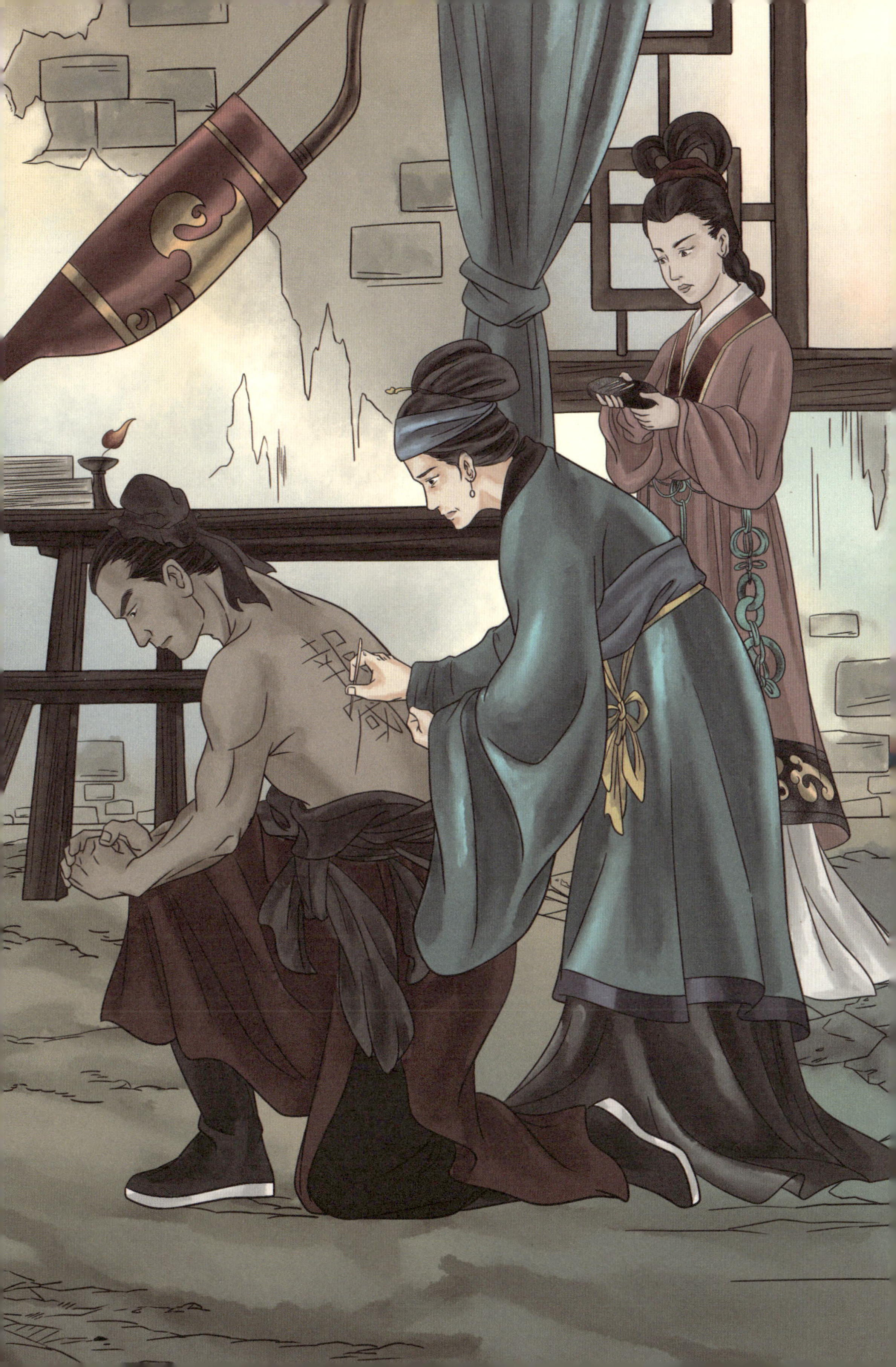

最终被冲到岸边才得以幸存。还有的版本说岳飞是三国时期张飞的转世。

**小 Q**：真是传什么样的都有，那岳飞从参军开始，就是将军吗？

**姜 sir**：岳飞先后当过七个人的手下，其中就有上节提到的宗泽，宗泽对岳飞的影响非常大。岳飞的军队也是纪律严明、训练有素，"冻死不拆屋，饿死不掳掠"，绝对不会侵占老百姓的财产，连对手金国都说"撼山易，撼岳家军难"。

**小 Q**：宋朝不是很在乎对军队的掌控吗？岳飞的军队怎么能叫岳家军呢？

**姜 sir**：岳家军官方名字更改了 4 次，分别是神武右副军、神武副军、神武后军和行营后护军。岳家军只是老百姓的叫法，觉得这么叫既亲切，还好记，同时还管张俊带领的军队叫张家军、韩世忠带领的军队叫韩家军。

**小 Q**：我带领的军队就应该叫 Q 家军。

**姜 sir**：岳家军第一战收复的是南京。南京是金国在长江以南唯一的重要据点，不抢回来，随时可能被敌人当作突破口攻打南宋，用了半个月，金军被岳家军打回了长江以北。

**小 Q**：岳飞好厉害啊！

**姜 sir**：其实岳家军不仅仅是岳飞一个人厉害，岳飞手底下有很多出主意的幕僚，还有英勇善战的将军，每次打仗都是经过认真谋划的，史料中能够确定为岳飞部将的至少有一百多人。

**小Q**：那岳家军主要使用什么武器对抗金国呢？也是骑兵吗？

**姜sir**：因为金国主要是骑兵，所以岳家军的武器就必须配置弓弩，这样才能射穿骑兵的盔甲。同时还有刀和斧头，当时金国的骑兵还有马都披上了厚厚的盔甲，所以宋朝就发明了一种打法，就是一个士兵负责砍人，一个士兵负责砍马腿。岳飞就用过这种方法。还有一支岳家军的精锐军，叫背嵬军。

**小Q**：是战斗力最强的吗？

**姜sir**：岳飞的孙子在《淮西辩》中写道："背嵬之士，先臣之亲军也。""背嵬军"是精锐中的精锐，就是岳飞的特种部队，也是岳家军的标志。背嵬军名义上拥有8000人，但其实并没有这么多，是实际兵力有五六千人的骑兵队，还有一些步兵。背嵬军讲究战术配合，经常分成多个小分队，相互呼应。作战时，他们往往远距离先用弓箭，同时在短弩射程内射马，然后长刀对劈，迅速冲锋、集结，再冲锋，从而大量杀伤敌兵。辽太祖曾经说过："女真不满万，满万不可敌。"但游牧民族的这种不败神话被岳飞打破了。

**小Q**：这么强的兵力肯定是要收复北方吧？

**姜 sir**：岳飞一生中最重要的目标就是收复失地，在 1133 年到 1140 年这 8 年间，岳飞一共进行了 4 次北伐，至于战况如何，我们下节见。

## 168 四次北伐

**姜 sir**：各位同学，大家好，我就是那个人见人爱、花见花开、车见车爆胎的姜 sir。

**小 Q**：大家好，我就是那个负责问问题的小 Q 同学。

**姜 sir**：上节我们说到了岳家军的实力，以及岳飞北伐，这节我们将目光投向被金国侵占的北方。当时北方老百姓以各种各样的形式进行着反抗起义，金国一看，这也太难治理了，天天就忙着平定起义叛乱了，都没办法享受了，有点苦恼。

**小 Q**：金国不会主动把北方还给宋朝吧？

**姜 sir**：金国自己想了个办法，1130 年，金国在北方建立了大齐国，不自己管了，让汉族人管汉族人。而扶持的那个皇帝就是当年投降金国的人，叫刘豫。让人生气的是，这人不但不帮着自己的民族，还抓紧一切时间想着入侵南宋，一路派兵南侵，把南宋的长江防线都撕开了个口子。

**小Q**：这种叛徒真欠揍。

**姜sir**：人家都打到家门口了，南宋必须派兵了，于是岳家军出战，但宋高宗规定，只需要把敌人打跑，将被侵占的地盘收回来，别往北打，免得金国派大军进攻。这是岳家军第一次北伐，也是南宋建国8年来局部反攻的第一次胜利，那一年岳飞31岁。

**小Q**：我猜岳飞心中一定想继续往北打。

**姜sir**：如何收复失地，如何全面和金国开战，要考虑的问题非常多，当时的南宋朝廷也没有个系统全面的想法，但岳飞有，就是"连接河朔"战略，大概意思是联络金国统治地区的起义军，让他们在后方骚扰金国军队，配合南宋的主力军一步一步北伐，一点儿一点儿收复，打长期战争，比拼综合国力，那样金国肯定打不过南宋。而岳飞这个战略，其实也是受到了宗泽和李纲的启发。

**小Q**：主和派应该不会同意。

**姜sir**：主和派同不同意无所谓，宋高宗同意了岳飞的方案。1136年，岳飞第二次北伐，这次是南宋自建国以来第一次大规模远距离反攻，但是结果不理想，撤退了。原因是战线太长，粮草供应不上，军中严重缺粮。

**小Q**：看来收复失地真需要多方面计划。

**姜sir**：两次北伐，让金国开始重视岳飞，不能只靠着那个大齐国了，金国也把军队调了过来，三万多骑兵，其中一万专门对付岳家军。岳飞的第三次北伐规模不大，很快就结束了，双方各有损失。1137年，金国废掉了他们亲手建立的大齐国，自己直接和南宋对抗，于是1138年岳飞请求增加岳家军兵力，因为岳飞负责的防守区域非常大，一旦金军入侵，没办法顾及每个地方。

**小Q**：我感觉宋高宗不会给他增兵，宋朝一直对将军是防范的。

**姜sir**：宋高宗说宁可缩小岳飞负责的区域，也不会给他增兵。而岳飞没有想到皇帝竟然怀疑他，他只是一心想着收复失地，于是岳飞就表态了，如果今年不同意他北伐，就辞职不干了，而这个时候金国派代表到了南宋。

**小Q**：金国不会是想谈判，又让南宋给钱吧？

**姜sir**：金国让南宋称臣，给出的条件很诱人，首先黄河以南的土地还回来，其次被抓的宋徽宗虽然已经去世，但遗体可以还回来。还有宋高宗的妈妈还在金国手里，也可以一起送回来。

**小Q**：妈妈在人家手里，我猜宋高宗会同意的。

**姜sir**：当时不管谁反对都没用，宋高宗坚持要谈判，因为他是个孝子。但金国提出了一个过分的条件，南宋不能成

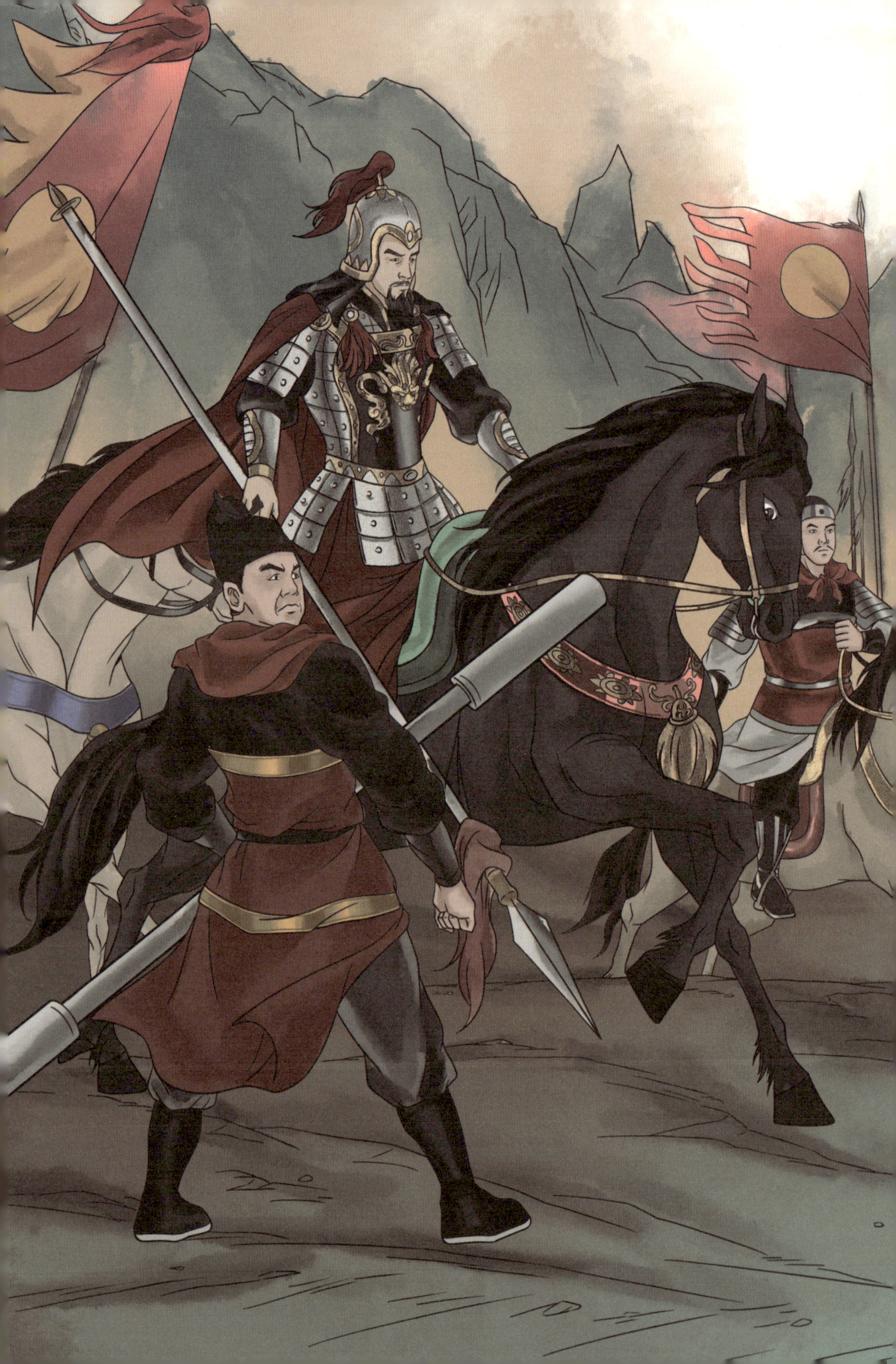

为一个国家，和当年的李煜一样，要降低一个档次，成为金国的属国。南宋皇帝也不能穿龙袍了，得穿大臣的服装。

**小Q**：这也太欺负人了，钱可以给，这个不可能同意的。

**姜sir**：没等南宋做出决定，金国自己不干了。因为金国内部也有主战派和主和派，这些条件是主和派提出的，而金国的主战派根本不想谈，人家认为直接消灭南宋就可以了，何必啰唆去谈判呢。1139年，金国主战派开始调动军队大举入侵南宋，试图彻底消灭南宋，而这时岳家军也该出动了。按照岳飞的反攻计划，岳家军分为奇兵、守兵、正兵三部分。守兵主要是水军，负责防守长江一线；奇兵负责和起义军配合，打游击战，骚扰金军后方；正兵负责正面战场。

**小Q**：我都热血沸腾了，想上战场参战。

**姜sir**：为了激励岳飞，宋高宗也是要给岳飞升官，但岳飞拒绝了，说："等我收复失地后，再赏赐我吧。"在岳飞的计划中，这次一定会成功。接下来就是一场接一场的恶战，金国的骑兵战斗力非常强悍，但宋军还是取得了胜利。但是宋高宗给军队定了进攻的极限，最远打到哪里就得回来，不能往北多打。

**小Q**：为什么？能多收复点儿土地不好吗？

**姜sir**：主和派的观点就是南宋军队打不过金国，偶尔打一些仗也是为了谈判。但在岳家军一场接一场的胜利下，岳飞看到了收复失地的希望，可就在这个时候，发生了让岳飞意想不到的事情，是什么呢？我们下节见。

## 169 莫须有

各位同学，大家好，我就是那个人见人爱、花见花开、车见车爆胎的姜 sir。

大家好，我就是那个负责问问题的小 Q 同学。

**姜 sir**：上节我们说到岳飞在第四次北伐看到收复失地希望的时候，发生了一件意想不到的事情，那就是十二道金牌事件。

**小 Q**：什么是金牌？我只在奥运会上看过。

**姜 sir**：朱红色木牌上写有 8 个金字："御前文字，不得入铺"，意思是驿站要快马加鞭传递的军情。当时岳飞在前线的胜利，让后方的宋高宗和秦桧很紧张，他们又怕打败，又怕打胜。

**小 Q**：我晕了，怕打败仗能理解，怎么还有怕打胜仗的。

**姜 sir**：一旦岳飞打了胜仗，军权在握，会威胁到宋高宗的皇位。

小 Q：岳飞那么精忠报国的人，不会反叛的。

姜 sir：当年赵匡胤也和柴荣表示会精忠报国，后来不还是陈桥兵变、黄袍加身吗？

小 Q：当个将军可真难，想杀敌报国，还得考虑皇帝的想法。

姜 sir：当时秦桧就和宋高宗商量："岳飞孤军深入，不要忘了第二次北伐是怎么战败的，有全军覆没的危险，并且这次的战果已经很辉煌了，完全可以撤兵了，没必要冒险。"于是宋高宗给岳飞发了撤回的要求。但岳飞坚决反对，他认为这是次千载难逢收复失地的好机会，不能这样撤退。但宋高宗连下十二道金牌让岳飞必须撤兵。

小 Q：岳飞能不能不撤兵，继续进攻，打赢了看他们还怎么说？

姜 sir：如果岳飞不撤兵，不仅是违抗命令，还有一个问题就是粮草得不到供应，所以岳飞必须撤兵。第四次北伐就这样结束了。

小 Q：原来宋高宗还给岳飞一面"精忠报国"的旗呢，这就不放心岳飞了。

姜 sir：这件事之前还发生了一次并军风波，南宋当时有中兴四将：刘光世、张俊、韩世忠和岳飞。刘光世打仗的时候贪生怕死，于是宋高宗想要解除他的兵权，让岳飞接替刘光世的位置，把刘光世的士兵都并给岳家军。但这想法被秦桧、张俊合起伙来给否定了，意思是岳家军实力太强，容易影响国家稳定。于是岳飞和张俊就发生了争吵，岳飞一气之下就要辞职不干，而宋高宗觉得岳飞这样就是想要兵权。

**小Q**：在皇帝身边当官可真难。

**姜sir**：同时，宋高宗一直都没有孩子，准备在皇族里挑一个太子，但一直没做决定，岳飞就着急了，因为当时据说金朝准备废掉大齐的刘豫，改立宋钦宗的儿子，那就会出现两个宋朝了。毕竟人家的皇帝也是宋朝的皇族，所以宋高宗也得赶紧立太子，安定民心。但自古以来，皇帝不喜欢大臣，尤其是将军参与自己立太子的事情，所以这件事情也让岳飞在宋高宗心中的地位有所下降。

**小Q**：那岳飞撤兵后有遭到惩罚吗？

**姜sir**：回来后，张俊和秦桧就开始了他们的表演，首先列出了岳飞的几大罪状，要求岳飞罢官。按照宋朝的规定，只要被列出了罪状，别管真的假的，就要先辞职，等候调查。如果属实就处罚，不属实再恢复原职。

**小Q**：岳飞的这些罪名肯定不属实啊。

**姜sir**：让岳飞辞职只是陷害他的前奏。岳家军中有一个叫王俊的人，因为岳飞要求特别严格，所以王俊贪污被处罚过，

風波亭

便对岳飞怀恨在心，就配合秦桧冤枉岳飞，让岳飞入狱。

**小Q**：那没有真实的证据，最后不能判刑吧？

**姜sir**：当时给岳飞定的是谋反的大罪，岳飞怎么可能承认，很多人都替岳飞说话。韩世忠就找到了秦桧："你有证据吗？凭什么说岳飞谋反？"秦桧就说："还没有找到确切的证据，但谋反这件事，莫须有。"意思就是可能有。韩世忠当场就说："'莫须有'三个字，怎么可能让天下人信服。"秦桧最后绞尽脑汁，找了各种人证、物证，而宋高宗也批准了岳飞的死刑。最终39岁的岳飞被杀。而岳飞被杀后，相关的人员也被牵连，冤案一件接着一件。岳家军的将领们贬官的贬官，流放的流放。直到1155年，秦桧病死，宋高宗对岳飞一案中的其他官员才都给予了平反，而岳飞却没有。

**小Q**：为什么别人都能原谅，就岳飞不行？

**姜sir**：当时很多大臣和百姓都要求给岳飞平反，恢复岳飞的名誉，但宋高宗都没有同意，直到下一任皇帝宋孝宗继位，岳飞才被恢复名誉，向天下宣布了岳飞的清白。岳飞冤案平反后，有关岳飞抗击金国的故事就开始流传，而岳飞的精神也影响了后人。1903年的期刊上，首次称岳飞为民族英雄、国魂；1914年11月，袁世凯颁令，将关羽和岳飞合祀；抗日战争期间，以岳飞为主题的文学作品也不断涌现，对全民族的团结抗战起到了重要作用。

**小Q：**我也觉得岳飞收复失地的精神特别值得提倡。

**姜 sir：**在岳飞身上，有很多闪光点。比如他的作风，士兵吃什么，他就吃什么，绝对公平公正，最主要的就是他的爱国主义精神鼓舞了后人。而提到爱国，宋朝还有一位超级爱国的大诗人，临死都想着收复失地的事情，他是谁呢？我们下节见。

## 170 但悲不见九州同

姜 sir：各位同学，大家好，我就是那个人见人爱、花见花开、车见车爆胎的姜 sir。

小 Q：大家好，我就是那个负责问问题的小 Q 同学。

姜 sir：上节我们了解了爱国的岳飞，而在宋朝，提到爱国就不得不提一位伟大的诗人，他一生共写了一万多首诗歌，传下来的就有九千多首。这些诗很多都是在写爱国，就连临死前他都惦记着收复失地，很多人甚至称他为"小李白"。

小 Q：写了这么多诗，他是谁啊？

姜 sir：他就是陆游。陆游的爷爷是王安石的学生，最高职位曾经做到宋朝的副丞相，陆游的爸爸是著名的藏书家，陆游的叔叔是位抗金英雄。陆游出生在淮水的一艘船上，当时他的父亲带着家人从淮水乘船赶往开封做官，陆游就出生在这次旅途中。据传陆游刚生下来时，连续几天的狂风暴雨立马就停止了，就在陆游出生的那年冬天，金国开始大举南下。在陆游两岁的时候，发生了历史上著名的"靖康之耻"。

小Q：这么小，就相当于赶上了国家灭亡，陆游没有被抓到金国吧？

姜sir：陆游曾经写过："我生学步逢丧乱，家在中原厌奔窜。"在陆游3岁的时候，父亲就带着一家人先逃到安徽寿县，后到山阴。后来，金国入侵山阴，陆游一家又逃到浙江金华。

小Q：陆游一定恨死金国了，恨不得能打跑侵略者。

姜sir：陆游16岁时参加科举考试，没考上，18岁时再次参加考试，在文章中重点写了要抗击金国，但当时秦桧当政，秦桧可是主和派，于是陆游科举再次失败。不久后，陆游的父亲去世了，陆游要守孝三年，按规定守孝期间不得参加考试。后来陆游因为一些感情上的事情，考试就被搁置了。

小Q：什么感情上的事，能耽误科举考试？

姜sir：就是陆游和唐琬的爱情故事，陆游和唐琬可以说是青梅竹马，从小一起长大的，后来也顺理成章结婚了。而这个时候的陆游就不想去科举考试当官了，只想着过自己的幸福生活，但陆游美好的婚姻很快就结束了。

小Q：难道是有金国入侵，陆游的妻子被抢走了？

姜sir：是陆游的妈妈让陆游和唐琬离婚了。离婚8年后，陆游又遇到了唐琬。当时的唐琬又嫁人了，陆游直接在墙上写下了经典的《钗头凤·红酥手》："一怀愁绪，几年离索。错、错、错。"后来唐琬看见陆游写的这首词后，也在墙上写下了《钗头凤·世情薄》："怕人寻问，咽泪装欢。瞒！瞒！瞒！"

**小Q**：那后来陆游科举考上了吗？

**姜sir**：28岁的陆游再次走进了考场，这次考试的文章依然是力主抗金的言论。当时的主考官是主战派的，他给了陆游第一名，但是一同考试的还有秦桧的孙子，秦桧就让考官给了他孙子第一名，虽然考官没听秦桧的，但秦桧还是没让陆游考上。

**小Q**：这也太过分了！

**姜sir**：陆游在他老的时候写过一组《追感往事》，其中有一句，"误国当时岂一秦"，就是说秦桧误国，直到陆游33岁才当上了一个文官。但陆游满脑子想的都是抗击金国、收复失地，在做官不久后，他便向宋高宗提出建议，但宋高宗一心求和，于是，陆游就被辞退回家了。

**小Q**：感觉陆游这种主战派很难有出头之日。

**姜sir**：1162年，宋高宗退位，宋孝宗继位，但宋孝宗在主战还是主和之间徘徊，所以陆游的做官之路也不稳定，主战派受重用，陆游就受重用；主和派受重用，陆游就被贬官。但陆游从来都没有放弃过收复失地的理想，他被贬回乡的时候，

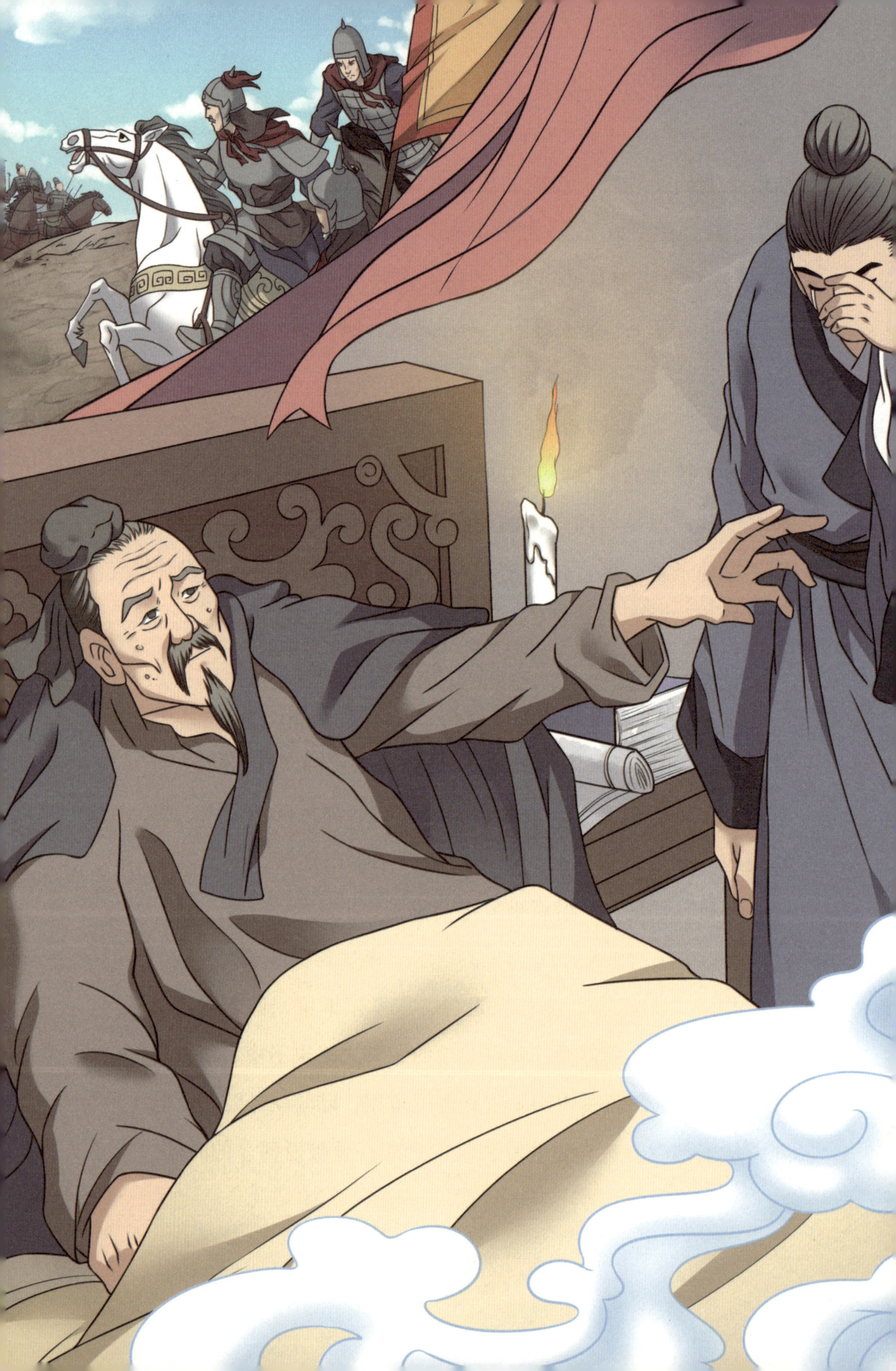

写下过"山重水复疑无路，柳暗花明又一村"的诗句，告诉自己，人生在绝望的时候，希望总会出现。

**小Q**：那陆游的希望出现了吗？

**姜sir**：44岁的时候，陆游被宋孝宗重新起用，46岁的陆游还曾经有过8个月的军队生活，但宋朝最终没有北伐，陆游的梦想也就破灭了。就这样，陆游从一个爱国青年熬到了爱国中年，又从爱国中年盼到了爱国老年，在他67岁本应是退休养老的年纪时，依然惦记着征战沙场，于是写下了"僵卧孤村不自哀，尚思为国戍轮台。夜阑卧听风吹雨，铁马冰河入梦来"的诗句。

**小Q**：从小的梦想就是收复失地，最后只能在梦里，真是难过。

**姜sir**：后来77岁的陆游被宋宁宗重用，但负责的是写历史书，历史书写完后也就彻底退休了，按照高级官员的待遇回到了老家。这时候的陆游格外注重对子女的教育，写下了《冬夜读书示子聿》的诗歌："古人学问无遗力，少壮工夫老始成"，赞扬了古人刻苦学习的精神以及做学问的艰难；"纸上得来终觉浅，绝知此事要躬行"，强调了做学问的功夫要下在哪里的重要性。陆游后来听说宋朝北伐失败，最终于1210年带着遗恨去世了，享年85岁。临去世前写下了《示儿》："死去元知万事空，但悲不见九州同。"一辈子都没看见国家的统一。

**小Q**：从3岁开始，到85岁，都没有等到国家统一，太遗憾了。

**姜sir**："王师北定中原日，家祭无忘告乃翁。"陆游虽然难过，但没有丧失信心，他坚信总有一天朝廷能够平定中原。陆游就这样带着遗憾离开了人世，也为后人留下了很多经典的诗句，比如，

> 《出师》一表真名世，千载谁堪伯仲间！（《书愤》）
> 何方可化身千亿，一树梅花一放翁。（《梅花绝句》）
> 零落成泥碾作尘，只有香如故。（《卜算子·咏梅》）
> 小楼一夜听春雨，深巷明朝卖杏花。（《临安春雨初霁》）
> 遗民泪尽胡尘里，南望王师又一年。（《秋夜将晓出篱门迎凉有感》）

和陆游一样遗憾的还有另一位大文人，这个人可是上过战场杀过敌人的，他是谁呢？我们下节见。

## 171 英雄无用武之地

姜 sir：各位同学，大家好，我就是那个人见人爱、花见花开、车见车爆胎的姜 sir。

小 Q：大家好，我就是那个负责问问题的小 Q 同学。

姜 sir：上一节我们了解了爱国文人陆游，而和陆游同一时期还有一位文人，可以说"文能诗词歌赋，武能上阵杀敌"。自己建立过一支军队，并且战斗力极强，率领 50 人就敢闯 5 万人的敌营，他就是辛弃疾。

小 Q：我印象中的辛弃疾就是个文人，原来还是一位大将军。

姜 sir：辛弃疾被称作"词中之龙"，与苏轼并称"苏辛"，是豪放派词作的代表人物。辛弃疾的词流传下来的有六百多首，他作词喜欢用典故，很多词如果读者不精通历史便很难读懂，足以见得辛弃疾的知识渊博。

**小Q**：这点和李商隐有点像。

**姜sir**：辛弃疾还是一员武将。据记载，他出生的时候北方已经在金国的统治下了，辛弃疾的祖父未能及时逃走，成了沦陷区的百姓。为了生活，祖父当了金朝的官，但始终念念不忘大宋，把希望寄托在孙子辛弃疾身上。因为希望孙子长大后能像霍去病那样保家卫国，所以为孙子取名辛弃疾。

**小Q**：辛弃疾、霍去病，这俩名字的寓意太像了。

**姜sir**：辛弃疾从小学文学武学兵法。随着慢慢长大，亲眼看到汉族人在金朝统治下所受的屈辱与痛苦，所以他在青少年时期就立下了恢复中原的志向。

**小Q**：那辛弃疾会不会去南宋那边呢？

**姜sir**：辛弃疾自己组建了一支2000人的队伍，加入了北方最大的起义军，但辛弃疾的一个伙伴义端，竟然偷了起义军首领耿京的大印去投降金国了。首领就认为辛弃疾一定是义端的同伙，要处罚辛弃疾，可辛弃疾临危不惧，要求首领给他3天时间，一定把大印给拿回来。辛弃疾奔着金朝大军营寨的方向急追，果然追上了那个义端。义端手捧大印，请求饶命，但最后辛弃疾还是杀掉了这个叛徒，拿回了大印。

**小Q**：这简直就是电影里英雄的片段。

**姜sir**：1162年，耿京派22岁的辛弃疾南下去见宋高宗，共同商量对付金国，返程时得知首领竟然被叛徒张安国给杀了，起义军已经解散。辛弃疾迅速联系了他以前的50名部下，准备报仇，正巧碰上张安国在他的府里宴请宾客，辛弃疾和几名同伴冲进去，抓住张安国，然后出门上马疾驰而去，守门士兵久久没回过神来。辛弃疾押着叛徒，不吃不喝，渡过淮水，直奔南宋边境。

小Q：辛弃疾也太勇猛了。

姜sir：最后张安国被处斩，22岁的辛弃疾一战成名，他的故事传遍了大街小巷。当时天下人都想效仿他，皇上都对辛弃疾各种称赞。辛弃疾先后写下《美芹十论》《九议》，里面详细论述了他的军事思想，并且给出了具体的作战策略。这些建议书在当时深受人们称赞，广为传诵，但辛弃疾却没有得到重用，还被列为"归正人"。

小Q：什么叫归正人？感觉很不公平。

姜sir：归正人是指原本是宋朝人，出于各种复杂的原因而成为辽国人或金国人，后来又回到宋朝的人。一般这种人都不会太受重用。

小Q：只要不是投降的，回来不是很正常吗？再说了，当年北方是宋朝统治者给丢的啊，老百姓又不愿意给金国当百姓。

姜sir：因为不得重用，辛弃疾先后被派到江西、湖北、

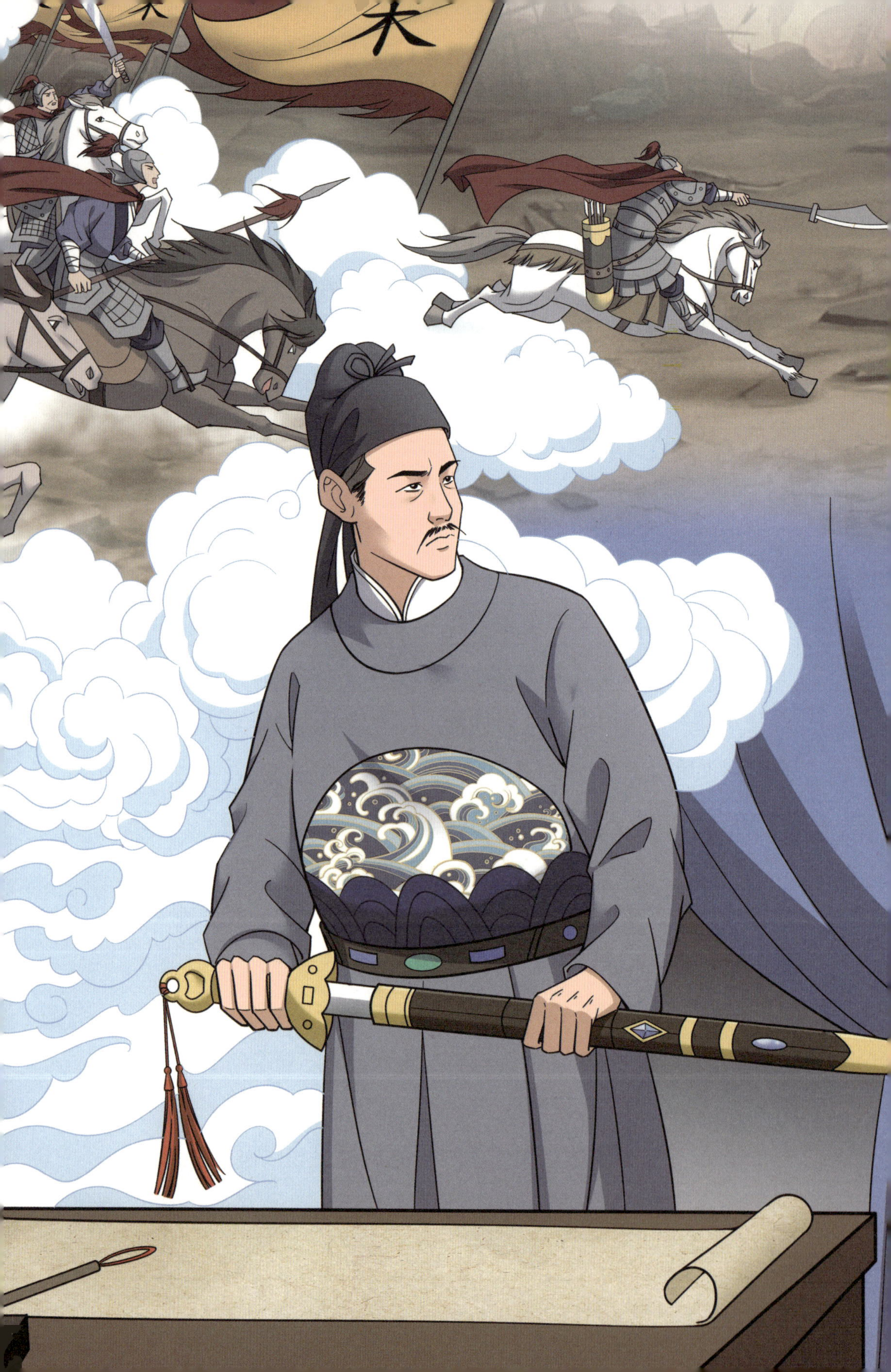

湖南等地负责整顿治安，这显然不是辛弃疾的理想。辛弃疾文武双全，一心想要收复失地，可朝廷却对他视而不见，只拿一些没有实权的虚职打发他。在一个元宵夜，街头人山人海，天上放着烟花，好一片盛世繁华，但辛弃疾却备感孤独，于是写下了"众里寻他千百度。蓦然回首，那人却在灯火阑珊处"。

**小Q：** 早知道这样，还不如在北方待着，不回来了呢。

**姜sir：** 辛弃疾虽然不能实现收复失地的理想，但无论在哪里当官，他还是对得起自己的良心，认认真真地做官。在江西，他仅仅用了3个月时间就平定了茶商起事；在湖南，"盗贼"太多，治安很差，辛弃疾创建了飞虎军，这支队伍在辛弃疾的训练下每个人都非常厉害，可以一抵十，军队纪律森严，解决了盗贼问题。

**小Q：** 这么优秀的官员，总能得到重用吧。

**姜sir：** 别说重用，还被贬官了，理由是救助灾民的时候钱花多了，还有剿灭盗贼的时候用刑太残酷了。

**小Q：** 感觉是没事找事，就是看辛弃疾不顺眼。

**姜sir：** 从1181到1207年，30年不到，辛弃疾的工作岗位已经调动多达37次，这期间辛弃疾为自己盖的新房取名"稼轩"，他自称"稼轩居士"，过上了种种田、写写词的日子，有好多想说的话想想算了，别说了。曾经辛弃疾多敢说啊，"少年不识愁滋味，爱上层楼"，现在"却道天凉好个秋"。1188

年的冬天，辛弃疾和好友陈亮相聚，辛弃疾想起自己曾经杀敌的日子，于是写下了"醉里挑灯看剑，梦回吹角连营"，但现实却不给自己机会啊，"可怜白发生"，老了老了。

**小 Q**：辛弃疾和陆游一样，从小到大的梦想被一点点地磨灭。

**姜 sir**：1203 年，主战派宰相试图再次北伐。63 岁的辛弃疾等这一天等了 40 年，终于等到了，并且被重用了。但辛弃疾主张不能着急，要万事准备充分才能开战。可宰相不同意，辛弃疾受到了冷遇，再次被降职。于是辛弃疾写下了"凭谁问：廉颇老矣，尚能饭否？"的《永遇乐·京口北固亭怀古》。后来南宋北伐失败。

**小 Q**：证明辛弃疾是对的，国家应该重用他啊。

**姜 sir**：国家想重用他的时候，辛弃疾已经老了、病了，67 岁的辛弃疾去世前仍然大喊"杀贼，杀贼"。这就是辛弃疾，一身才华、武功，却无用武之地。除了爱国精神，还为后人留下了很多经典的名句，比如，

> 明月别枝惊鹊，清风半夜鸣蝉。稻花香里说丰年，听取蛙声一片。(《西江月·夜行黄沙道中》)
> 青山遮不住，毕竟东流去。江晚正愁余，山深

闻鹧鸪。(《菩萨蛮·书江西造口壁》)

若教眼底无离恨，不信人间有白头。《鹧鸪天·代人赋》

八百里分麾下炙，五十弦翻塞外声，沙场秋点兵。(《破阵子·为陈同甫赋壮词以寄之》)

**小Q**：辛弃疾对南宋得多失望啊！

**姜sir**：不仅仅辛弃疾一个人对南宋失望，还有一位女文人也对南宋失望，也曾经历"靖康之耻"，她是谁呢？我们下节见。

## 172 千古第一才女

**姜 sir:** 各位同学,大家好,我就是那个人见人爱、花见花开、车见车爆胎的姜 sir。

**大家好,我就是那个负责问问题的小 Q 同学。**

**姜 sir:** 上节我们了解了报国无门的辛弃疾,而另一位文人和他并称为"济南二安"。

**小 Q:** 为什么有这个并称?

**姜 sir:** 辛弃疾,字幼安,另一个文人的号是易安居士,他们两个都是济南人;辛弃疾又是豪放派的代表,另一位文人是婉约派的代表,所以后人就把他们两个称为"济南二安"。

**小 Q:** 到底是谁啊?

**姜 sir:** 她就是被称为"千古第一才女"的李清照。李清照的爸爸是当时的著名学者,曾写了几十万字的《礼记说》;

母亲出身名门，也是才女。李清照从小受父母的熏陶，在少女时期就展现出了不凡的艺术才华。五六岁时，因为父亲做了京官，她也随父母来到了京城生活。那时候的北宋还没有经历"靖康之耻"，一派繁荣。

**小Q**：李清照小时候过得应该还不错。

**姜sir**：所以她可以划着小船，嬉戏于藕花深处，写下了"兴尽晚回舟，误入藕花深处。争渡，争渡，惊起一滩鸥鹭"的《如梦令·常记溪亭日暮》，也曾在酒后写下了"知否，知否？应是绿肥红瘦"的《如梦令·昨夜雨疏风骤》。

**小Q**：那时候的李清照很快乐，她应该不能参加科举考试吧？

**姜sir**：虽然古代女子地位比较低，很多女性在历史上几乎是没有记录的，甚至连名字叫什么都不知道。但宋朝15岁以下的童子科，女孩是可以参加考试的，历史上就有两个女孩参加了考试，其中一名还得到了皇帝的封赏。但考上了也不会安排去做官。李清照在年轻的时候没有考科举，但她和赵明诚的爱情故事一直被后人传为佳话。

**小Q**：那李清照肯定写了不少爱情题材的作品。

**姜sir**："一种相思，两处闲愁。此情无计可消除，才下眉头，却上心头。"李清照的《一剪梅·红藕香残玉簟秋》就是她写给丈夫赵明诚的。意思是彼此都在思念对方，可又不能互相倾诉，只好各在一方独自愁闷着。这相思的愁苦实在无法排遣，刚从微蹙的眉间消失，又隐隐缠绕上了心头。还有一首《醉花阴·薄雾浓云愁永昼》，当时赵明诚在外地做官时，李清照寄给他的。赵明诚读后赞叹，写得太好了，发誓要写一首词超过妻子。他苦思冥想三天三夜，写了50首词，把妻子的那首词藏在中间，请朋友去点评。朋友读后说只有"莫道不消魂，帘卷西风，人比黄花瘦"最好，而这就是李清照写的。

小Q：这多尴尬啊，50首都没比过妻子的一首。

姜sir：后来朝廷发生了动荡，赵明诚受到影响被罢官，李清照和赵明诚就把所有精力都放在了收集文物上，四处搜集购买文物。一旦发现喜欢的书籍、字画、古玩，他们宁愿省吃俭用，也要买下来。

小Q：李清照还是个收藏家？

姜sir：李清照和赵明诚一起收藏了很多古玩字画，还完成了《金石录》——一部关于文物鉴定的书籍。在山东老家，他们建了一座"归来堂"，专门用来存放收集的文物。据记载，他们在"归来堂"的收藏都达到了十多间屋子那么多。但1125年，金国大举南下，北宋遭遇靖康之耻。

小Q：那他们这些文物怎么运走？不得被敌人抢走啊？

姜sir：没有办法都带走，李清照选了15车，其他没带走的东西都留在青州。但她离开没多久，青州就发生了兵变，她家被毁，这些有价值的文物也被毁了。

小Q：李清照一定恨死金国了。

姜sir：这个时候赵明诚也因为失职丢了官。原因是手下造反，有人提前向赵明诚做了汇报，但赵明诚没有把这件事放在心上，也没有采取相应的防范措施。等到手下造反，赵明诚害怕，竟然顺着绳子从城墙上逃跑了。

小Q：有点太丢人了。

姜sir：这时候李清照也很生气。在两人往南走的路上，到了乌江边上，就是当年西楚霸王项羽兵败自刎的地方。

小Q：看看人家项羽，宁可自杀，也绝不逃走。

姜sir：李清照就写下了《夏日绝句》："生当作人杰，死亦为鬼雄。至今思项羽，不肯过江东。"不仅仅是针对她丈夫，还有一直在南逃的朝廷。后来赵明诚生病去世了，由于赵明诚生前当过一次"逃兵"，于是有人诬陷他曾将文物献给金人，李清照为证明清白，只得把剩下的文物无偿捐献给宋高宗。

小Q：凄惨的人生，丈夫不在了，喜欢的文物也没有了。

姜sir：丈夫去世后，李清照一个弱女子四处流散，真是凄惨。在这个时候，一个叫张汝舟的人出现了。在李清照刚认识张汝舟的时候，她觉得这个男子彬彬有礼、温文尔雅，对自己照顾体贴入微，这让经历了苦难的李清照感到温暖，于是李清照嫁给了他。

尋尋覓覓冷冷清清淒淒慘慘戚戚乍暖還寒時候
最難將息三杯兩盞淡酒怎敵他晚來風急雁過也
正傷心 却是舊時相識滿地黃花堆積憔悴損
如今有誰堪摘守着窗兒獨自怎生得黑
梧桐更兼細雨到黃昏點點滴滴這次第怎一個愁字了得

**小Q**：还算有一个完美的结局。

**姜sir**：李清照的前半生有多幸福，后半生就有多痛苦。结婚后，李清照发现自己上当了。张汝舟不但没有学识涵养，对她也不好，目的只是想要她手里的文物。心灰意冷的李清照忍无可忍，决定结束这段婚姻，没想到张汝舟说什么也不同意。

**小Q**：对方不同意，这可怎么办啊？

**姜sir**：性格刚烈的李清照一怒之下将张汝舟告上公堂，罪名就是虚报考试次数。原来宋朝官员需要不断考试才能升职，张汝舟为了升职，谎报考试次数，这场官司甚至惊动了宋高宗，经查证，张汝舟的确有作假行为，因此他被流放，李清照也顺利离了婚。但当时法律规定，女子告丈夫，不管结果如何，都要坐两年牢房。

**小Q**：李清照性格也够刚烈的，为了离婚，入狱都愿意。

**姜sir**：在一些朋友的帮助下，李清照只在牢房中待了9天就被释放了，但一系列的打击使得李清照的身体越来越差。1155年，一代才女李清照，一人孤独地在西湖边死去了。

**小Q**：我感觉一个靖康之耻，陆游、辛弃疾、李清照，很多人的人生都发生了转变。

**姜sir**：很多人都在等待着南宋去收复失地，但一次次的等待换来的却是一次次的失望，甚至还等来了一些屈辱的和约，是什么呢？我们下节见。

## 173　丧权辱国

姜 sir：各位同学,大家好,我就是那个人见人爱、花见花开、车见车爆胎的姜 sir。

小 Q：大家好,我就是那个负责问问题的小 Q 同学。

姜 sir：在我们感受过陆游、辛弃疾、李清照的经历后,就会越来越感觉到国家强大的重要性。靖康之耻后,南宋虽然不具有彻底收复北方的实力,但军事实力也并不是特别地弱,在岳飞、韩世忠、张俊、刘锜等人率领宋军反击的过程中,也是打过很多胜仗的。

小 Q：可惜岳飞被杀了。

姜 sir：当时金国也被打得损失惨重,一方面率军后退,一方面赶紧向南宋表示友好,解除死去的宋徽宗带有侮辱含义的"昏德公"的封号,改封为"天水郡王"。当时宋军的作战实力已经不再弱于金兵很多了，即便是和谈，南宋起码也能给自己争夺更多的权利，但是……

**小Q**：就怕"但是"这俩字，肯定就有让人生气的操作。

**姜sir**：尽管当时南宋拥有一大批积极抗金的爱国将领和一定规模的军队，但皇帝就是想议和，希望用臣服与岁贡换取一个看似和平的局面。在秦桧等人的积极奔走下，金国与南宋在绍兴十一年达成和议，这就是奠定整个南宋和金国关系的《绍兴和议》。一是称臣纳贡。南宋向金称臣，金国的国主册封宋高宗赵构为皇帝。南宋每年向金国纳贡银25万两、绢布25万匹。

**小Q**：堂堂大宋皇帝，让敌人来册封，丢人丢到地球外边去了。

**姜sir**：二是割地赔款。南宋割让被岳飞等众将收复的唐州、邓州，以及坚守十余年的商州。

**小Q**：好不容易打回来的，就这么送回去，丢人丢到宇宙外面了。

**姜sir**：三是"南自南，北自北"的政策。划定疆界后属金国的汉人无法进入南宋疆界，成为金国臣民。宋朝彻底失去了山西和关中的优良马场，再也无法建立起强大的骑兵与北方游牧民族对抗了。最后宋高宗的妈妈韦氏被送回南宋。韦氏在回到宋朝后享受了19年的荣华富贵后去世，而宋高宗

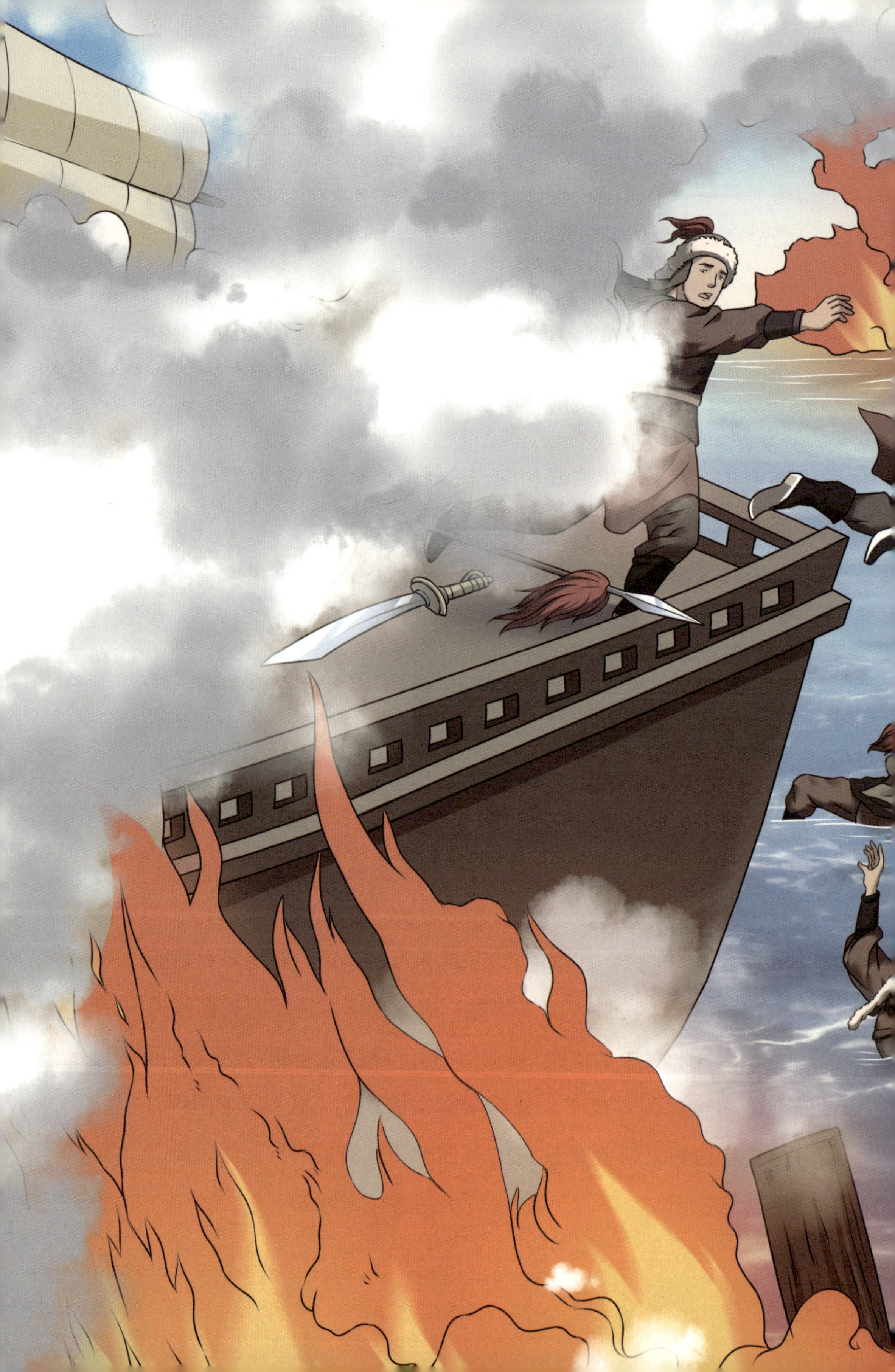

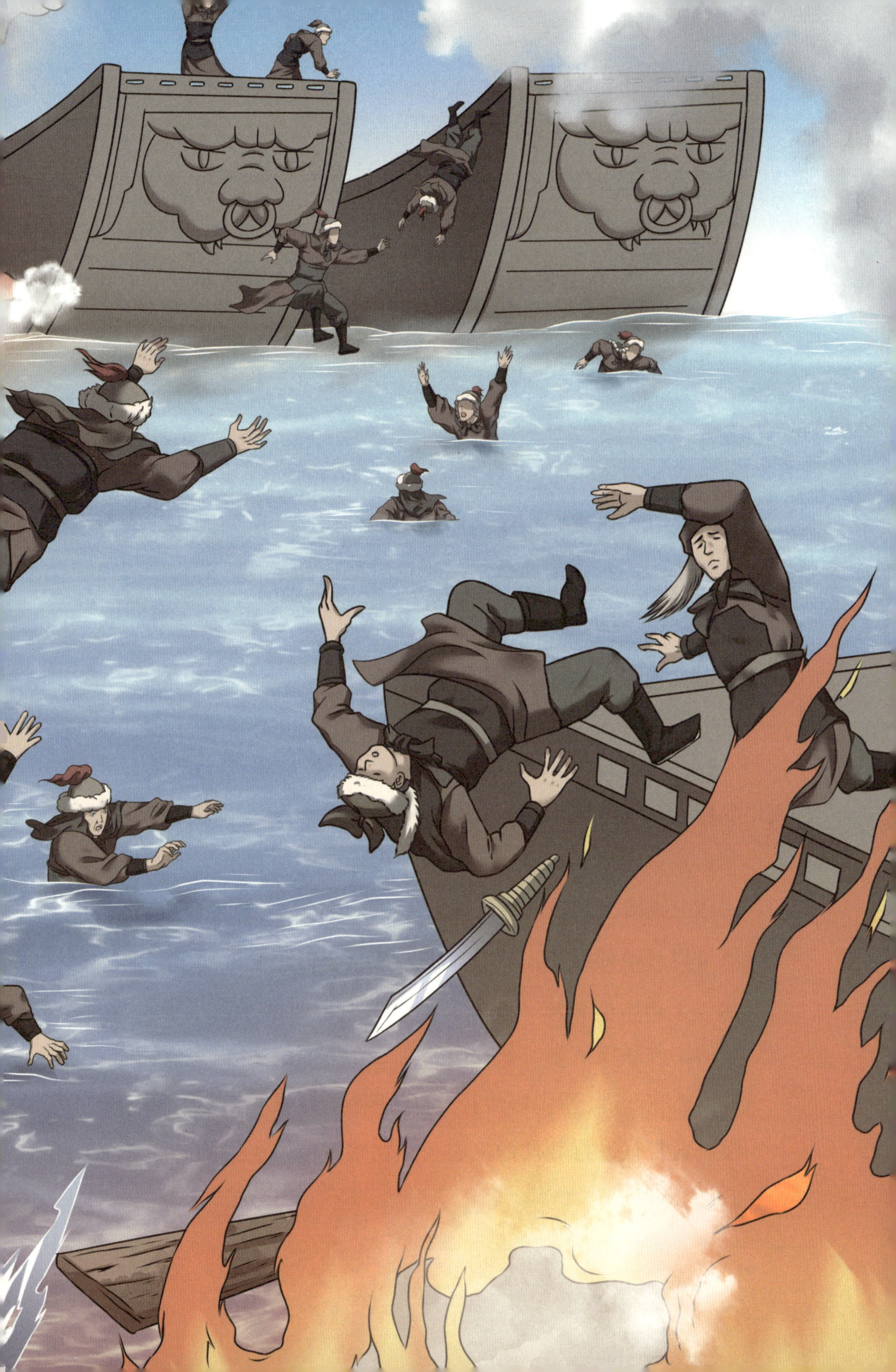

的哥哥，上一任皇帝宋钦宗直到死也没有回到宋朝的领土。

**小Q**：我觉得换来的根本就不是和平，这基本就是投降。

**姜sir**：哪有所谓的和平！1161年，金国就撕毁了《绍兴和议》，发兵攻打南宋，也就是辛弃疾拉起2000人队伍起义抗金的那一年。

**小Q**：这也太不守信用了，还不如当年的辽国呢。

**姜sir**：1161年9月，金国的皇帝完颜亮亲率大军从开封出发，开始了他的南侵之路。南宋方面，一听到完颜亮大军渡过淮河，负责淮西战场的王权瞬间放弃了今天的合肥，由于王权不战而退，负责淮东的刘锜也只能退军。金军几乎兵不血刃就来到了长江边。

**小Q**：南宋要灭国了吗？

**姜sir**：金国的大军想在现在的安徽马鞍山采石登陆，进攻南宋，这时候宋高宗让文官虞允文以参谋军事的身份前往采石犒劳军队。就是带点酒啊、肉啊之类的食物，带点演出团体之类的人员去鼓舞鼓舞士气，讲讲话，发放发放慰问品，就可以打道回府了，接着做他的文官。但正是虞允文，最终决定了南宋的命运。虞允文到达采石的时候军队都没人管，新的主帅还没有来，残兵败将，三三两两散坐在路边，盔甲武器丢在一边，军中盛传着金军的凶猛、残暴，将士们都害怕，没有敢打仗、打胜仗的决心。正在宋军惊慌失措的时候，虞允文马上召集将士，分析情况，将士们一听有人愿意带领他们迎战金军，个个表示愿意死战到底。

小Q：不管能不能打赢，这种精神就值得学习。

姜sir：虞允文发挥宋军水师的优势，在两岸军民的协助下，打了一个大胜仗，烧毁金军战船，阻挡完颜亮南下步伐，一举扭转了宋金战局。

小Q：宋高宗这下该明白了吧，不是不能打，是你自己不敢打。

姜sir：对于宋高宗来说，他几十年的统治就是建立在议和的基础上。之前为议和付出的代价那么多，现在人家来打你了，说明你的决策是错的，问题是秦桧已经死了，总不能让秦桧复活去背黑锅吧。

小Q：反正秦桧也死了，就说当年都是秦桧的主意，和自己无关。

姜sir：尴尬的事情就在这儿，当年都觉得议和是对的，宋高宗怕大家都夸秦桧，于是宋高宗多次声称这并不仅是秦桧的主张，主要是自己的英明决议。所以这个时候，全国百姓都在看自己的笑话，怎么办？宋高宗选择了禅让，"我当了36年皇帝了，身体不行了，老了，我退位"。于是把皇位禅让给了宋孝宗。

小Q：终于换了个皇帝。

**姜sir：** 宋孝宗登基后，定年号"隆兴"，他是南宋的第二位皇帝，同时他是一位很有想法的皇帝，非常想光复中原，收复祖国河山。为了北伐的顺利进行，孝宗平反了岳飞冤案，恢复了岳飞"武穆"谥号，并追封岳飞为鄂国公，在杭州建立岳王庙，为主战派人士撑腰。

**小Q：** 终于来了一个支持北伐的皇帝。

**姜sir：** 当时金国也是矛盾不断，自己国家内部起义持续了4年时间，所以南宋选择在这个时机北伐非常合适，南宋能否取得北伐的胜利呢？我们下节见。

## 174 这时候还搞不团结？

> 各位同学，大家好，我就是那个人见人爱、花见花开、车见车爆胎的姜 sir。

> 大家好，我就是那个负责问问题的小 Q 同学。

**姜 sir**：上节我们说到宋孝宗即位后决定北伐，宋孝宗出生的那年正好是靖康之耻发生的那一年。这些年他亲眼看到了南宋受到的各种屈辱，所以宋孝宗从小到大一直想收复失地。

**小 Q**：这次是南宋直接主动进攻金国吗？

**姜 sir**：是金国向南宋提出新的索取领土要求。为了吓唬南宋，金国还在边界"积粮修城"，制造一种你不给我土地，我就打你的声势。当时驻守边界的名将张浚却趁着金军立足未稳，先发制人发动突袭。张浚的擅自行动在南宋朝廷内引发强烈争论。主战派和主和派开始辩论这件事的对与错，宋孝宗坚定地站在主战派一边，这次金国也没想到，南宋不但拒绝了金国的要求，还抵抗了，甚至抵抗后还派部队北伐，要把原来丢的土地收回来。

**小Q**：真解气，早就应该这样了。

**姜sir**：但其实当时主战派里也有很多人是反对这么着急北伐的，其中宋孝宗的老师史浩就反对。他认为应该加强对沿江一线的防守，等物力、军力等条件充足再进行北伐。在采石大捷立功的虞允文也主张积极备战，以待良机。但张浚却主张不顾一切立即北伐。1163年4月，宋孝宗下令对金国发动进攻。张浚在接到宋孝宗北伐命令之后，调兵8万，号称20万，分兵两路开始进军。

**小Q**：怎么在汉朝的时候，每次出兵我都放心，到了南宋这儿，我就隐约觉得会失败呢。

**姜sir**：张浚将两路大军分别交给了手下两员大将李显忠和邵宏渊，刚开始李显忠几次打败金兵，收复了一些土地。但没想到引起了邵宏渊的忌妒，李显忠建议进攻今天的安徽宿州，邵宏渊却按兵不动。李显忠只能率部独军进攻，直到城破，邵宏渊的军队才投入战斗。

**小Q**：这时候，还在争执这些啊？

**姜sir**：宋军收复安徽宿州，中原震动。宋孝宗难以掩饰激动的内心，亲手起草嘉奖诏令："近日边报，中外鼓舞，十年来无此克捷。"决定嘉奖将士，给李显忠升官，任命邵宏渊为副职，仅次于李显忠，但邵宏渊竟然不愿意，告诉张浚拒绝接受李显忠的管理，而张浚竟然同意了。这时候金国十万援兵已经到了宿州。李显忠派人向邵宏渊求援，邵宏渊竟然对部下说："这么热的天，摇着扇子还嫌不凉快，怎能披着战甲去打仗呢？"

小Q：太可气了，在国家北伐这么重要的事情上，竟然小心眼儿到这种程度。

姜sir：李显忠的军队孤立无援，杀敌两千多人后，弃城南逃，退到符离，就是今天的安徽宿州北。这就是著名的符离之败。所幸金军不知南宋军队的底细，没有追击，宋军才在淮河一线站稳了脚跟。战后，金兵士气大振，直逼两淮前线，逼迫南宋议和，隆兴北伐形势急转直下。

小Q：估计主和派又得蹦出来了。

姜sir：宋孝宗是南宋最想有所作为、最想恢复宋朝原来国土的一位皇帝，但是符离之战的失败无疑给了宋孝宗这位年轻的帝王迎头一击。主和派也趁着"幸灾乐祸者横议纷起"而重新掌权。宋、金两国再次展开和议，议和的结果就是达成了不平等的《隆兴和议》。《隆兴和议》的内容对南宋来说虽然比《绍兴和议》的内容要好一些，但还是一个不平等条约。

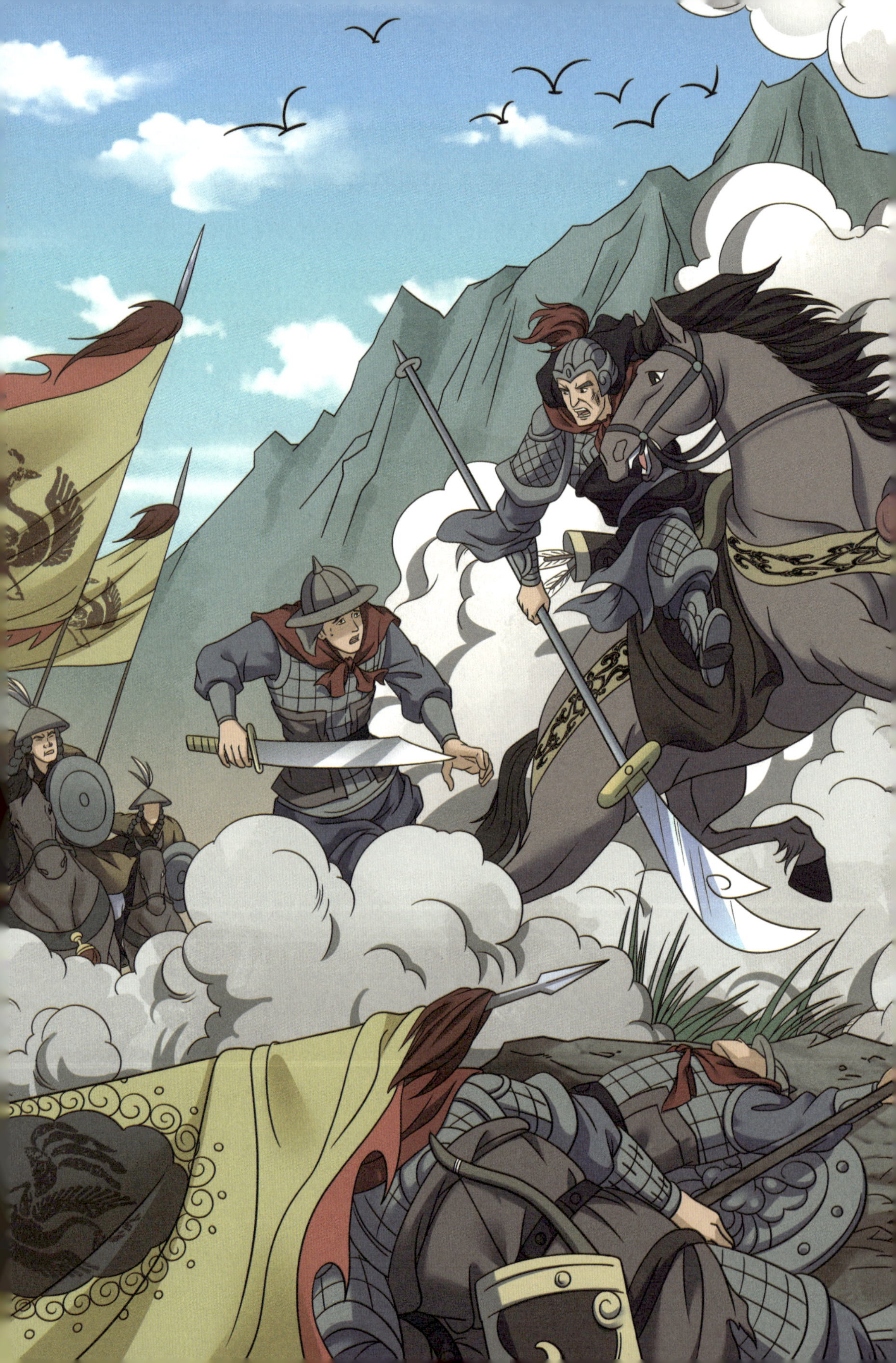

**小Q：** 为什么会比《绍兴和议》好一些呢？

**姜sir：** 由于宋军在战场之上并不是一味失败。而且南宋的统治者也不再是以往害怕战争的宋高宗，这一点给了金国一个明显的信号，使得金国不得不换一种眼光看待宋孝宗，万一要的东西多了，宋孝宗继续打呢。

**小Q：** 就是要适当地反击，让人觉得你不好欺负。

**姜sir：**《隆兴和议》双方都退了一步。金国相比之前的《绍兴和议》做了一定让步，南宋每年给金国的钱从"岁贡"改称为"岁币"，每年可以少给一点钱；南宋皇帝不再对金称臣，双方改为叔侄之国；同时还割让了一些土地给金国。

**小Q：** 不称臣挺好的，但叔叔和侄子的关系怎么这么别扭呢？这么大的仇恨，还要弄得和亲戚一样？

**姜sir：** 北伐的失利，使宋孝宗意识到仅有北伐的决心是远远不够的，除了有足够的军队、必需的财力外，更重要的是要有好的将军。既然用不平等条约换来了短暂的和平，宋孝宗就决定开始改革。宋孝宗能否改革成功，南宋是否会出现繁荣呢？我们下节见。

## 175 乾淳之治

姜 sir：各位同学，大家好，我就是那个人见人爱、花见花开、车见车爆胎的姜 sir。

大家好，我就是那个负责问问题的小 Q 同学。

姜 sir：上节我们说到北伐的失败，让宋孝宗决定改革。他这个时候明白，不解决内部问题是不可能收复北方失地的，于是开始了对南宋政治、经济、军事等方面的整顿和治理。

小 Q：南宋各种失败，我都要没有耐心了，能先告诉我改革成功了吗？

姜 sir：宋孝宗在位 28 年，开创了有名的"乾淳之治"。在他的治理下扭转了宋高宗统治下南宋人民穷困潦倒的境地，开创了难得一见的盛世局面。

小 Q：太好了，他都做了什么啊？

**姜sir**：首先消灭贪官，他公开表示要将贪官通通拉到街上杀掉。同时加强对各级官员的考核，政绩不合格的贬官，两年贬官超过一千人。还规定，各级官员凡年满70岁的，没有特殊情况都应该自动请求退休。同时靠着门荫制度当官的人数也要大量减少。

**小Q**：这个会不会有很多官员反对啊？

**姜sir**：无论别人怎么反对，宋孝宗都顶住压力，坚持改革。减少这些没用还浪费钱的官员，同时大量选拔人才，先后9次科举考试，共录取三千八百余人，破格提拔大批有真才实学的人。比如叶衡从一名小小的县令连续破格升迁至宰相，也不过10年时间。

**小Q**：太好了，南宋这下看到希望了。

**姜sir**：宋孝宗还大力提倡节俭，他自己日常生活的花费很少，经常穿旧衣服，也不会去修建宫殿，平时很少赏赐大臣。

**小Q**：这些都很好，但军队不改革，还是打不过金国。

**姜sir**：宋孝宗首先大力提拔积极主张抗金的官员，同时对各地的武器装备进行了整顿，凡是发现武器装备有不合格的，一律重新制作，短短5年，他就举行了3次大规模的阅兵仪式，从中选出了一批优秀的将领。为了起到带头作用，他还亲自学习骑马射箭，同时对于民间自发组织的武装也进行全面整顿，有选择地将他们纳入国家的统一指挥系统。

**小Q**：但打仗还需要大量的粮食、金钱，宋孝宗是怎么做的？

**姜sir**：宋孝宗多次要求减轻人民负担，也经常督促地方官兴修水利，促进农业生产，同时由国家发行了官方纸币。

**小Q**：宋朝就有纸币了？

**姜sir**：说到纸币，北宋就出现过"交子"，被称为"世界上最早的纸币"。在使用纸币方面，中国领先了世界六七百年。交子最初出现在四川地区，因为铜产量不足，不够造钱使用。北宋初期，四川就通行过铁钱，但太沉了，买一匹布需铁钱两万，大约重五百斤，使用非常不方便。于是，一些商户推出代存铁钱的买卖，客户把一堆铁钱存在商铺里，商户给开个单子，就是交子，客户就能到其他地方的商铺，就是分号取钱。商铺从中收取3%的保管费。

**小Q**：这和现在的银行很像啊，有点存折的意思。

**姜sir**：其实最初的交子就和现在的存折一样，是取款的凭证，不能当钱花。后来慢慢就流通起来了，越来越多的人直接用交子来支付货款。到了南宋的时候，张俊还发明过关子。1160年，出现了"会子"，也是纸币，宋孝宗下令将会子加盖国家的官方大印，以表明是由朝廷发行的纸币，增加了其权威性。宋孝宗时期，保持了纸币的稳定与流通，促进了商品经济的发展。

酒

小 Q：宋孝宗执政这段时间，文化一定很繁荣吧？

姜 sir：宋孝宗亲自为《苏轼文集》作序，他还倡导百家争鸣、共同发展的学术环境，著名的思想家朱熹、陆九渊、陈亮、叶适；还有著名的文学家陆游、范成大、杨万里、辛弃疾等，都活跃在宋孝宗时期。

小 Q：南宋很繁荣了，是不是强大了，就可以收复失地了？

姜 sir：南宋的确是强盛了，但北方的金世宗开创了"大定之治"，金国也出现了繁荣局面。朱熹在关于"大定之治"的评价中说道："金世宗完颜雍虽然是夷狄之君，但是却提倡汉文化，将国家的政治与军事都以先前的汉族王朝为榜样，算得上是小尧舜。"

小 Q：都和尧舜比较了，这挺厉害啊。

姜 sir：金世宗近30年的经营，使金国走向全面的繁盛。尽管宋孝宗统治时期是南宋最好的时期，但宋金双方政治、经济和军事等综合实力相比而言，南宋始终不具备压倒性优势。所以北伐收复失地，还是不可能的。

小 Q：真不知道什么时候能看到"王师北定中原日"。

姜 sir：虽然恢复失地、统一天下不太现实，但宋孝宗的改革给南宋王朝带来了生机，可宋孝宗也会有老的时候，接下来的南宋王朝会如何发展呢？我们下节见。

## 176 一个怕老婆的皇帝

各位同学,大家好,我就是那个人见人爱、花见花开、车见车爆胎的姜 sir。

大家好,我就是那个负责问问题的小 Q 同学。

姜 sir:1187 年,南宋的第一任皇帝宋高宗去世,宋孝宗知道后失声痛哭,两天都没吃下饭,表示要守孝 3 年,于是让太子管理国家。1189 年 2 月,宋孝宗退位,太子即位,就是宋光宗。而这里就和重庆有关了。

小 Q:我有点晕,怎么还和重庆有关系了?

姜 sir:关于重庆名字的说法,就和这事有关。1189 年正月,宋孝宗封他的儿子赵惇于恭州,为恭王;同年 2 月,宋孝宗禅位于赵惇。赵惇先在恭州封王,随后又称帝,这是双重喜庆,于是就将恭州改名为重庆府。但宋光宗只当了 5 年皇帝。

**小 Q**：这么短？是去世了吗？

**姜 sir**：宋光宗当皇帝的时候已经42岁了，宋光宗的妻子李皇后那可是出了名的小心眼儿，爱忌妒。到了什么程度呢，有一次宋光宗洗手时，看见端着盆的宫女双手又细又白，很好看，就夸了几句，不料被李皇后看在眼里。几天后，李皇后派人送来一个盒子，宋光宗打开一看，里面装的竟是上次那个端盆宫女的双手！

**小 Q**：这也太残忍了，宋光宗身为皇帝，管不了皇后吗？

**姜 sir**：宋光宗是出了名的怕老婆，李皇后杀了宋光宗身边的妃子，宋光宗都不敢反抗；皇后让他不上朝，他就不敢上朝；李皇后封娘家三代为王，推加恩泽给26位亲属，172位家臣。同时宋光宗的退位也和这位李皇后有关。

**小 Q**：还有因为怕老婆丢掉皇位的？

**姜 sir**：这个李皇后挑拨宋孝宗与宋光宗父子之间的关系，导致宋光宗不见自己的父亲。后来宋孝宗病重，宋光宗居然都不去看望自己的父亲。宋孝宗死后，按照礼法要由宋光宗主持葬礼，但他仍不出席，这引起了满朝文武的不满。最后大臣在取得太皇太后吴氏的支持后，于1194年7月联合发动政变，逼迫宋光宗退位，拥立宋宁宗上台。

**小 Q**：这皇帝当得是真窝囊。

**姜 sir**：宋光宗虽然在皇帝里面不出名，但是据说有一种美食和他有关系。

**小Q：**还有美食？这我可感兴趣。

**姜sir：**据说有一天，宋光宗喜爱的黄贵妃生病了，面黄肌瘦，吃不下饭。医生用了很多珍贵药品也没用，这时候一位民间医生被召进宫："只要用冰糖取红果，就是山楂煎熬，每顿饭前吃五至十枚，不出半月病就会好。"贵妃按此法子服后果然好了，后来老百姓知道了这个方子，就把它串起来卖。

**小Q：**这不就是冰糖葫芦嘛，酸酸甜甜的。

**姜sir：**接下来皇位就到了宋宁宗这里，宋宁宗在位31年，是宋朝比较出名的一个皇帝，但是他的出名不是因为他的执政能力有多强，而是因为宋宁宗本身并不擅长治理国家，甚至还被传出他是个智障皇帝。

**小Q：**智力有障碍，是真的吗？

**姜sir：**宋宁宗非常好学，但他只是读书，对书中的内容却学不太明白，更谈不上灵活运用了。宋宁宗即位不久，大臣的奏折就因得不到他的及时批复而堆积如山。他还不听从大臣们的耐心教导，竟将大臣们的奏章一律批复一个字"可"。这看上去省去了不少时间，可是大臣们不懂什么意思啊，比如两位大臣的奏章明明是相反的意见，可宋宁宗却都批了"可"。

**小Q：**这上哪儿知道皇帝什么意思。

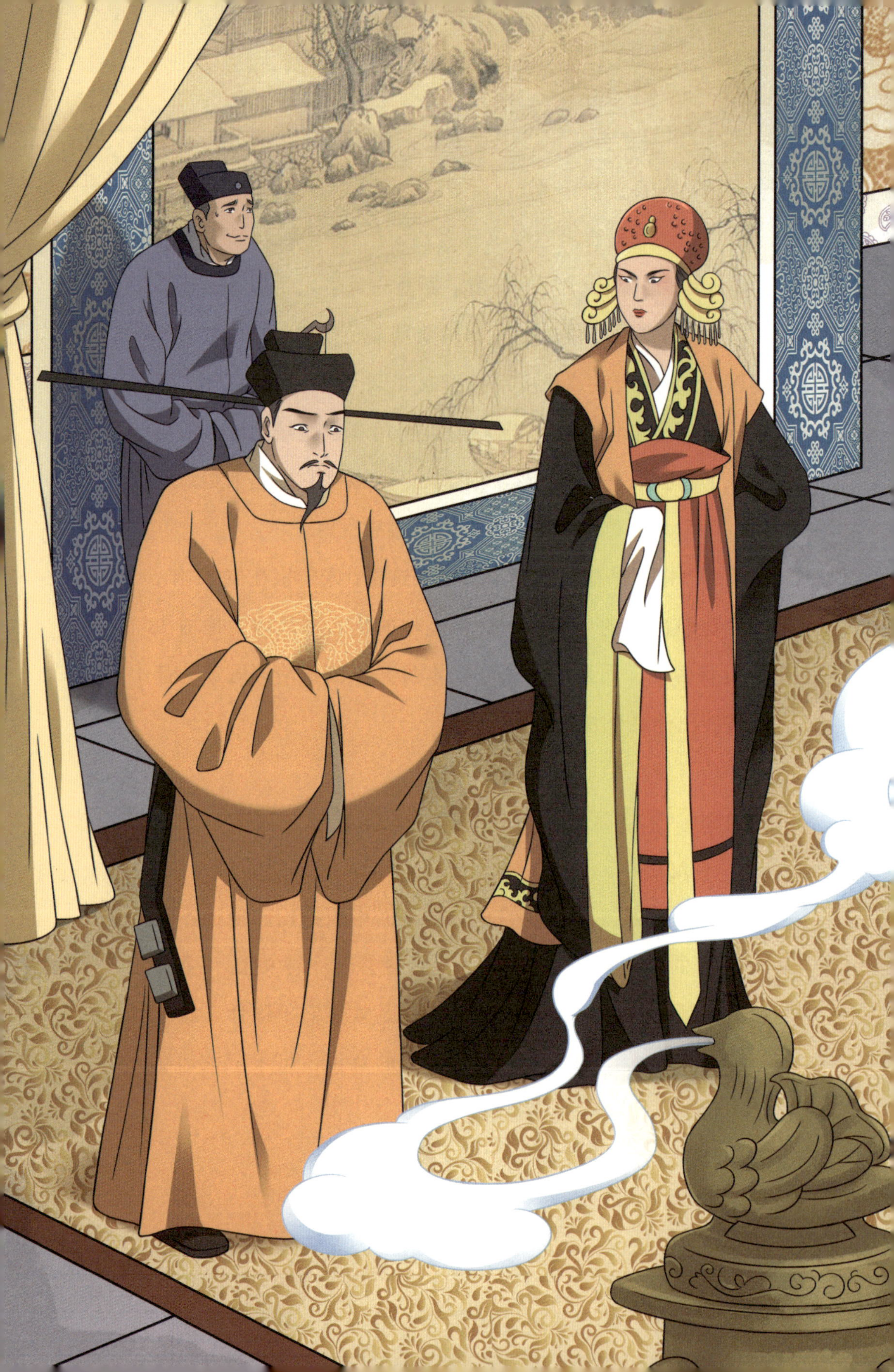

姜sir：治理国家是需要头脑的，宋宁宗是个好人，但不是一个合格的皇帝。有一年元宵夜，宋宁宗一个人坐在清冷的烛光下，仆人就问："您为什么不大摆宴席庆祝一下？"宁宗答道："你知道什么！外面百姓没有饭吃，朕怎么能有心思饮酒呢！"

小Q：人是不错，智力也没问题，但皇帝可不是一般人能当的。

姜sir：因为执政能力低下，宋宁宗始终受人操控。宋宁宗即位后，就重用了帮他登上皇位的赵汝愚和韩侂（tuō）胄（zhòu）两位大臣，任命赵汝愚为相，韩侂胄为枢密院都承旨，但韩侂胄与赵汝愚不和，于是这两位就开始了党争。

小Q：又有了党派斗争了，南宋可真够折腾的。

姜sir：赵汝愚和韩侂胄的身份都不简单。赵汝愚是宋太宗赵光义的八世孙，正常来讲他是不能当宰相的。宋太祖赵匡胤在建立宋朝之初就把"同姓可封王，不拜相"列为家法，为的就是防止赵姓贵族当了宰相，权力过大。赵汝愚是宋朝唯一一个当宰相的赵家人。赵汝愚当上宰相后做的第一件事就是重用了朱熹。谁是朱熹？他在历史上的地位又为何如此之高呢？我们下节见。

## 177 大儒朱熹

> 各位同学，大家好，我就是那个人见人爱、花见花开、车见车爆胎的姜 sir。

> 大家好，我就是那个负责问问题的小 Q 同学。

**姜 sir：**上节我们说到宋宁宗即位后任命赵汝愚为宰相，而赵汝愚就重用了朱熹。朱熹是谁呢？用中国近代史学家钱穆先生的话说就是："在中国历史上，前古有孔子，近古有朱子，此两人皆在中国学术思想史及中国文化史上，发出莫大声光，留下莫大影响。旷观全史，恐无第三人堪与伦比。"

**小 Q：**这评价也太高了，和孔子相提并论了。

**姜 sir：**在中国历史发展进程中，中华文化无论是自然原因，还是历史原因，都能够延续下来，其中孔子的儒家思想文化发挥了重大作用。但儒家文化也是需要提升的，也是需要重要人物去传承的，朱熹就起到了这样的作用。

**小Q**：就像是接力棒，朱熹是很重要的一棒，对不对？

**姜sir**：如果是接力棒，孔子开始跑第一棒，后来的孟子、荀子都接过了孔子的接力棒，并且在孔子的基础上提出了新的理论，相当于进行了升级。后来接力棒到了汉武帝时期，打上了国家的标签，儒家成为官方学说。但是到了魏晋南北朝时期，儒家的地位则受到了冲击。

**小Q**：那不是个大乱世吗？

**姜sir**：就是因为乱世，儒家所描述的那种理想让很多人觉得无法实现，而这个时候道教、佛教开始兴盛。修行、成仙成佛，这样的佛道教思想更容易让人产生精神上的寄托。而到了唐朝初期，皇帝最信奉的是道教，儒家的地位再次受到影响。等到了唐朝末期、五代十国时期，传统的儒家理论已经脱离了社会实际，不能适应时代发展的需要了。

**小Q**：我现在理解朱熹是做什么的了，他重新接过了儒家的接力棒，并且使其发扬光大。

**姜sir**：唐宋以来，很多儒学大家都想做这件事，但朱熹成功了。当时儒家面临的最大挑战是佛教。古印度的佛教自从传入中国，对中国的影响就非常大。宋朝时期，佛教已经完成了中国本土化的改造，很适合当时的中国，很多思想家都在研究佛教，这对儒家文化冲击非常大。今天的泰国等东南亚国家就是佛教国家。如果没有朱熹对儒家思想的改造，当时的中国可能会面临怎样的转折，就不得而知了。

小Q：感觉朱熹的这个接力棒，有点像英雄一样。

姜sir：可以说以孔孟为代表的儒家所产生的影响主要在两汉，而以朱熹为代表的新儒家所产生的影响则贯穿了元、明、清三代。朱熹提倡的就是一个字——理。花开花落是大自然的理，人活着的理就是思想道德层面上的。尤其朱熹说每个人都有一定的欲望，比如吃喝玩乐就是人的欲望，但要懂得克制。同时，朱熹所写的《四书章句集注》成了后世教科书和科举考试的标准。我们熟知的儒家文化里的"四书"，《论语》《孟子》《大学》《中庸》也是朱熹提出来的。

小Q：朱熹好厉害啊！

姜sir：朱熹不仅是一位思想家，还是一位教育家。他教出了数千名弟子，最令人瞩目的是他重建了"海内第一书院"——白鹿洞书院。他所制定的学规也成为南宋之后中国社会七百多年书院办学的基本规范。同时他还有一千二百多首诗词流传了下来。比如，"等闲识得东风面，万紫千红总是春。""问渠那得清如许？为有源头活水来。"朱熹在宋宁宗即位的那一年，以"天下第一等人"的身份被召回，担任了宋宁宗的老师。

小Q：真羡慕皇帝，能有这么好的老师。

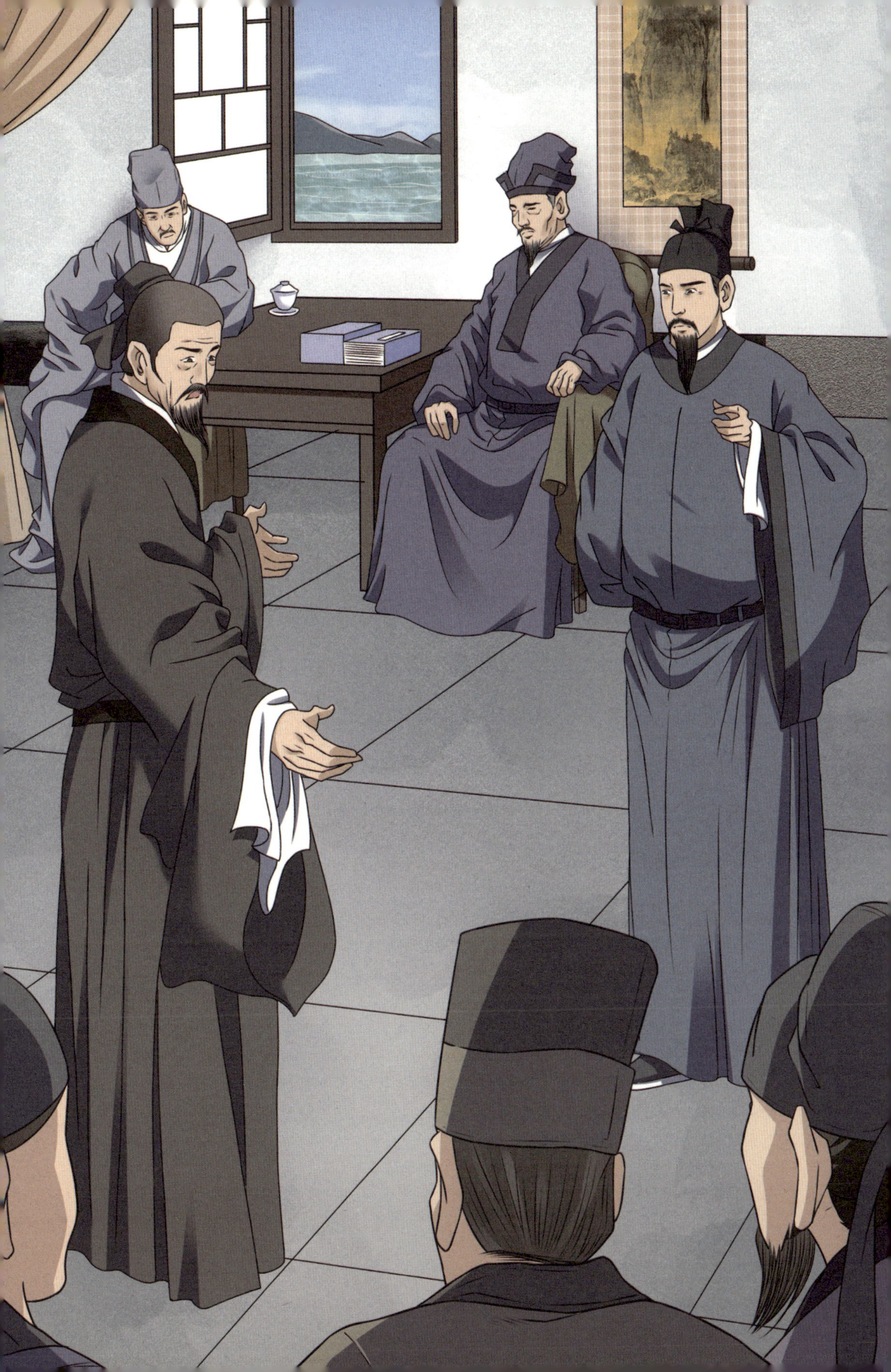

**姜 sir**：为了使这位皇帝能成为一代明君，朱熹倾其一生所学，在宋宁宗面前苦心说教，最终宋宁宗不愿意听了，朱熹只待了短短46天就被遣回老家。没过多久，朝中就掀起了一阵罕见斩杀理学的声音，朱熹的学生流放的流放，坐牢的坐牢。而这时的朱熹已经老了、病了，一年之后，在血雨腥风的反理学运动中去世了，享年70岁。

**小Q**：发生了什么啊？党派斗争怎么还影响到了朱熹的学生了？

**姜 sir**：当时宋宁宗刚刚即位，宰相用了赵汝愚，再加上朱熹在思想界的影响力，还真是让南宋看到了希望。但宋宁宗缺乏主见的性格特点根本没办法进行任何改革，于是韩侂胄的反击就来了，就是历史上的"庆元党禁"。而这次不是简单的党争，以前的党争分歧在治理国家方针上的不同，但这次则是上升到了学派层面，朱熹才受到了影响。到底发生了什么？我们下节见。

## 178 庆元党禁

各位同学，大家好，我就是那个人见人爱、花见花开、车见车爆胎的姜 sir。

大家好，我就是那个负责问问题的小 Q 同学。

**姜 sir**：上节我们说到南宋在宋宁宗时期有了党争，就是"庆元党禁"。原因就是宋宁宗即位后，任用了赵汝愚做宰相，赵汝愚沿袭了宋代文臣瞧不起武将的心理习惯去对待韩侂胄，这让同样扶持宋宁宗继位的韩侂胄非常不开心：皇帝是咱俩扶持的，你凭什么瞧不起我？再加上自己觉得应得的赏赐不够，于是党争开始了。

**小 Q**：本来皇帝水平不怎么样，大臣还要党争，南宋可怎么办？

**姜 sir**：韩侂胄也不是普通的官员，是北宋名相韩琦的曾孙，而且韩侂胄的妈妈是宋高宗皇后吴氏的亲妹妹。在韩侂胄一步步安排自己的斗争计划时，朱熹首先向宋宁宗提出了意见，意思是做皇帝的要有自己的主见，不然会被身边的人架空。朱熹是好心，但没想到这番话却让宋宁宗很不高兴，觉得朱熹是在批评他。这就被韩侂胄抓住机会，上奏皇帝，说了朱熹一堆坏话，最后朱熹被贬官了。

**小Q**：党争真是太可怕了，一不小心官职就丢了。

**姜sir**：朱熹被贬官是韩侂胄向赵汝愚一党正面进攻的开始，伴随着赵党一方的官员不断被贬，韩党迎来了自己的春天，最后宋宁宗下定决心，罢黜赵汝愚。但赵汝愚的被贬引起了朝廷上下的强烈不满，从中央到地方，各种抗议声音不断。在韩侂胄的示意下，一位官员上书请求皇帝，希望皇帝能够效仿宋孝宗，考核真伪，以辨正邪，提出要将朱熹的学派确立为伪学。在这一年举行的科举考试中，只要试卷的内容涉及理学，都会落榜，甚至连传统的四书五经都成了不能随意引用的禁书。韩侂胄规定所有学习朱熹学派的人不能在京城担任任何官职。

**小Q**：这就是党争影响到学术的原因啊。

**姜sir**：庆元党禁，是南宋政治和学术史上的一个重要事件。这次事件的打击目标是以朱熹为代表的理学，但事实上并不是这么简单。在庆元党禁的实际过程中，学术界其他学派也受到了打击，同时韩侂胄为了实现自己更大的野心和树立更高的威望，开始积极部署安排北伐事宜。

**小Q**：又要北伐，我都没啥信心了。

**姜sir**：这就是"开禧北伐"，这次北伐也重新起用了辛弃疾、陆游等一批主张对金国用兵的大臣。开战初期，为了能够调动全民北伐的积极性，朝廷给韩世忠建庙祭祀，追封被冤杀的岳飞为鄂王，还给秦桧的谥号改为"谬丑"，就是小人、大坏蛋的意思。这个举动让南宋老百姓都拍手称好，人们的斗志在一瞬间高涨。但是南宋已经好多年没打过仗了，军队的战斗力还是差一些，但没想到北伐大军进展得非常顺利，不仅宋宁宗没想到，就连前线战场上的士兵们也都放松了警惕。

**小Q**：是不是金国的圈套呢？

**姜sir**：金国当时在忙着北部边疆和内部的叛乱，南宋突然进攻，让金国暂时没反应过来。但金国的反应速度极快，快速以开封为中心建立起了完善的防御线，同时发动反攻。最后的结果是南宋各路军队都以失败告终，而且还有一支军队投降了，当了叛徒，南宋还得忙着剿灭叛徒。此时南宋的主和派和反韩集团开始阴谋活动。最后皇后和一些大臣勾结，杀死韩侂胄，将韩侂胄的头送给了金国。宋、金停战，开始了谈判。

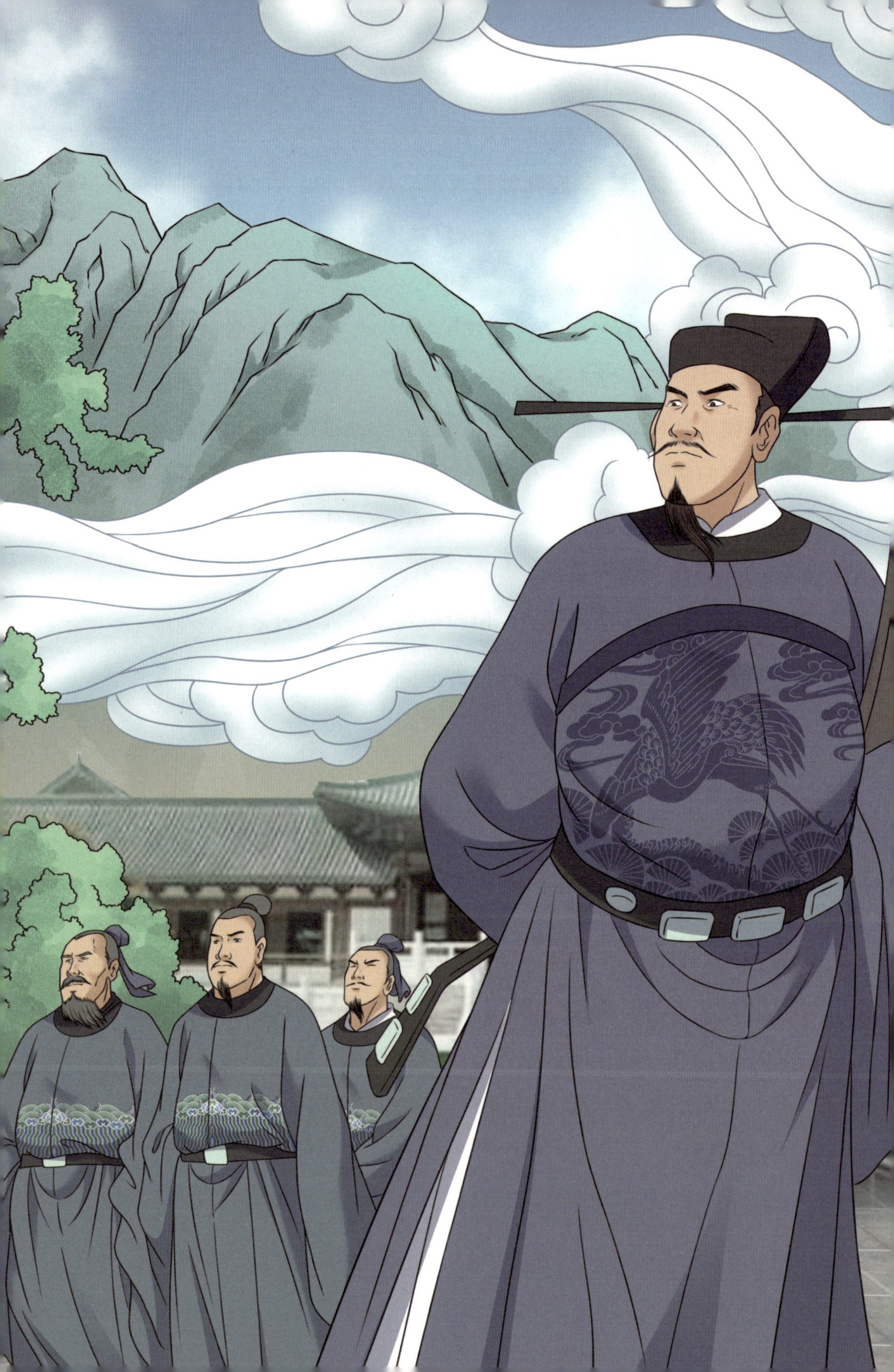

**小 Q：** 不会又签了什么不平等条约吧？

**姜 sir：** 1208 年，南宋和金国签订了《嘉定和议》，由原来的叔侄之国变为伯侄之国。

**小 Q：** 怎么感觉金国由叔叔变成了伯伯，地位还高了点呢？

**姜 sir：** 就是侮辱，同时增岁币银 30 万两，绢 30 万匹，金国抢来的土地不要了，但南宋得花钱买回去。但后续的金国也面临了大大的问题，就是蒙古的崛起，金国在与蒙古的作战中遭到了一系列惨败。

**小 Q：** 那南宋还不趁机偷袭金国？

**姜 sir：** 宋宁宗这个皇帝，一直都听别人的，韩侂胄死了，他就开始听投降派史弥远与杨皇后的。连宋宁宗最后皇位传给谁都被史弥远给改了。因为太子对史弥远的所作所为不满意，一旦太子继位，肯定得收拾史弥远，于是史弥远趁着宋宁宗重病之时修改诏书，换了继承人，就是南宋的第五位皇帝——宋理宗，他其实也是天上掉下的皇位，自己都没想到能当皇帝。到底发生了什么呢？我们下节见。

## 179 金国灭了

各位同学，大家好，我就是那个人见人爱、花见花开、车见车爆胎的姜 sir。

大家好，我就是那个负责问问题的小 Q 同学。

**姜 sir**：上节我们说到宋理宗继位，他本身不是宋宁宗的儿子，宋宁宗有九个儿子，还没成年的时候就都死了。宋理宗算是皇帝的远房亲戚，从他曾祖父那时候算起，曾祖父、祖父都已经是没有一官半职的老百姓了。他父亲也就当了个特别小的官。

**小 Q**：那怎么还选他当了皇帝呢？

**姜 sir**：宋宁宗没有继承人了，就选了自己的侄子，但侄子当上太子了，原来的位子就空出来了，这就得一个萝卜一个坑，得有人继承，就选了这个远房的亲戚，也就是宋理宗。

**小Q**：我懂了，后来史弥远就把太子换成了宋理宗。

**姜sir**：宋宁宗刚一过世，史弥远就动手了，联合皇后假传宋宁宗的遗诏，下诏把太子给废掉了。宋理宗就稀里糊涂当上了皇帝。宋理宗当上皇帝后，一方面感激史弥远对他的帮助；另一方面害怕，真正的继承人都能被换了，谁知道哪天就把自己也给换了，所以宋理宗一当上皇帝就干脆妥妥地把全部朝政大权都交给了史弥远，自己什么也不管。

**小Q**：这南宋看不到什么希望了。

**姜sir**：金国就是在宋理宗执政期间灭掉的。

**小Q**：什么？北伐那么多次都失败了，宋理宗灭掉了金国？到底发生了什么？

**姜sir**：1233年，掌权26年的宰相史弥远去世，宋理宗终于开始了他的亲政之路。此时的南宋在史弥远的弄权下已经乌烟瘴气。沉默了10年的宋理宗想在此时大干一场，于是一场改革就在宋理宗的指挥下开始了，这就是"端平更化"。

**小Q**：终于看到正义的光了。

**姜sir**：首先就是对史弥远的一系列同党进行清除，同时大力推崇理学，恢复朱熹等人的名誉地位，其他的和历朝历代的改革都很相似，整治贪官、治理经济，但对于当时的南宋来说，这种力度的改革已经不管用了。可就在这个时候，发生了大事，就是蒙古势力的崛起，蒙古大军几乎战无不胜，然后还和金国打起来了。

**小Q**：金国平时打的都是南宋这种实力的，头一次遇到这么强大的敌人吧？

**姜sir**：蒙古把金国打得一败再败，这时候蒙古派使臣找到了南宋："咱俩联合起来，把金国给灭了吧。"当时很多大臣是反对的，别忘了当年的教训啊。

**小Q**：当年不就是联合金灭了辽，然后被金欺负了这么多年吗？

**姜sir**：但宋理宗同意了，这时候没想到金国也找过来了："南宋大兄弟，你不能和蒙古打我，唇亡齿寒，灭了我以后，他就得灭了你，咱俩联合起来，估计还能抵抗一下蒙古。"可宋理宗哪想那么多："你金国欺负我们这么多年了，终于可以报仇了。"于是南宋和蒙古联合之后，仅仅一年多的时间，金国就在蒙古和南宋的夹击下灭亡了。

**小Q**：金国应该都没想到自己竟然被南宋灭了。

**姜sir**：金国都城被攻陷，金国灭亡。南宋将军带着金哀宗的遗骨回到南宋都城临安，南宋全国上下一片欢欣，朝中举行了一系列的庆祝活动。当时南宋和蒙古之间对河南的归属没有做出明确的规定。蒙古军北撤后，河南就成了无人占领的地区。

**小Q**：那南宋还不赶紧去占领？

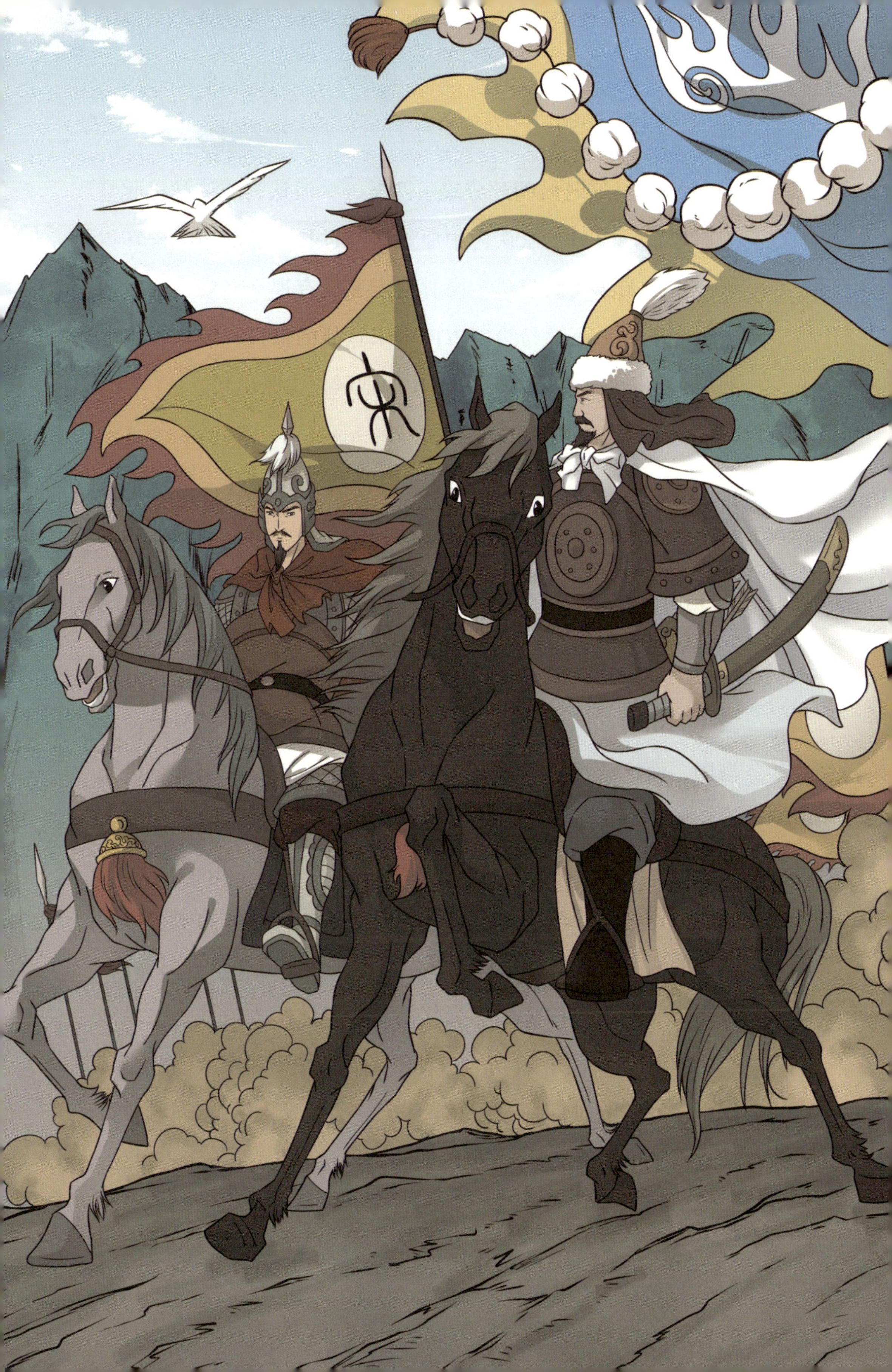
宋

姜 sir：这时候朝廷分成了两派，一派认为应该趁机收复中原地带，而另一派认为中原地区经过长年的战争，破坏得很严重，无法提供粮草，同时南宋又没有那么多骑兵，收回来也守不住，还容易给蒙古向南宋宣战的借口。但宋理宗哪想那么多以后的事，急于夺回中原地区，主张出兵。

小 Q：我怎么感觉又会失败呢。

姜 sir：一场并不成熟的军事行动就此展开，结局也就注定了失败，战争初期十分顺利，宋军几乎没有遭到什么抵抗，就光复了汴京城，实现了岳飞的梦想。可是经过战争的摧毁，这座曾经的繁荣都城已然成为废墟，百万人口只剩下居民一千余户。接下来，宋军一部分部队先攻打洛阳，开封城里剩余的部队等到粮食运到后再会师。宋军于是分批前往洛阳，而这就给了蒙军逐个击破的机会。首批宋军安全进入洛阳城，但第二批宋军艰难抵达洛阳城郊以后，遭到了蒙古骑兵的突袭，全军覆没。洛阳城中的宋军没有了粮草的支援，只能突围，最终成为蒙古骑兵的猎物。留守开封的宋军得知洛阳的两支宋军溃败以后，以粮草不足为由直接从开封撤回。可由于将军没有给士兵们交代清楚，军队陷入慌乱。结果宋军从撤退变成了溃逃，所有人都争先恐后地逃回南宋，就这样，以南宋的大败而告终。整个事件史称"端平入洛"。同时蒙古指责南宋不守信义，率先撕毁盟约。没过多久，蒙古正式出兵，开始大举侵犯南宋，于是蒙宋战争拉开了序幕。

小Q：这不是给人找借口打你吗？

姜sir：南宋不北伐，蒙古就不会入侵南宋吗？一样会找个借口的，而宋理宗必须北伐，因为一旦成功，哪怕成功一天，他都做到了南宋历代皇帝没有做到的成绩，他的威信将得到极大的提升，不管怎么样，金国灭掉了。南宋被压制了这么多年，签订了那么多不平等条约，下一节就让我们总结一下这些年两宋都赔了多少出去。我们下节见。

## 180 那些年赔了多少钱

各位同学，大家好，我就是那个人见人爱、花见花开、车见车爆胎的姜 sir。

大家好，我就是那个负责问问题的小 Q 同学。

**姜 sir**：上一节我们说到金国被灭了，这些年，金国简直就是宋朝的噩梦，这场噩梦终于结束了。一次又一次的不平等条约，很多宋朝的大臣竟然不以为耻、反以为荣，觉得用钱买和平成了天经地义的事情。

**小 Q**：真应该大力发展自己的军队实力。

**姜 sir**：宋朝花钱买和平的第一次就是《澶渊之盟》。虽然说宋辽边境可以长期处于相对和平的状态，总体效果是比常年的战争要好，但估计宋真宗没想到他的子孙后代会学他，一次又一次地签订这种和约。有了第一次，就有第二次。

1044年，宋和西夏签订了《庆历和议》，宋朝每年给西夏银7万两，绢15万匹，茶3万斤；另外，每年还要在各种节日赐给西夏银2.2万两，绢2.3万匹，茶1万斤。

**小Q：** 听着都心疼。

**姜sir：** 后来还有"庆历增币"事件，宋朝每年在原有10万两白银和20万匹绢的基础上再增加白银10万两、绢10万匹，这样就达到了20万两白银和30万匹绢。损失最大的就是"靖康之耻"了，《宋史》记载，"金国一共得到金子一百二十余万两、银子一千六百余万两、绢二百七十万匹"。北宋所有的积蓄被一抢而空。

**小Q：** 南宋还得继续给人家钱，想想就可气。

**姜sir：** 最可气的是《绍兴和议》，原来不管怎么割地赔钱，双方是平等的，是两个国家。但这次南宋要向金称臣，也不叫岁币了，叫岁贡，是真正地进贡了。这是一种羞辱。从1142年开始，北宋每年向金国缴纳贡银25万两、绢25万匹。直到1162年，21年间宋朝共给了金国银525万两、绢525万匹。更可气的是，宋朝竟然将宋金战争中一批能征善战的将领和重臣也都给罢免、杀害。

**小Q：** 岳飞就特别冤，哪怕贬官也行，不应该杀啊。

**姜sir：** 后来又有了《隆兴和议》，相比《绍兴和议》是有所改善的。南宋对金不再称臣，皇帝不用再由金国册封。

屈辱相对是降低了一些，但双方的辈分仍然是宋比金低；岁币方面也少了一些。42 年间宋朝给了金国银 840 万两。1208 年，宋金双方重定和约，史称"嘉定和议"，4 年间宋朝给了金国银 120 万两。还有碰到节日、金国皇帝生日，南宋还会派遣使臣前去祝贺，还得送各种各样的礼物。据统计这些年的礼共计：金 27 万 7800 两、银 210 万 4000 两，还有七七八八名贵的香料。

小Q：听着就闹心，宋朝屈辱议和的次数怎么就这么多呢？

姜sir：首先从赵匡胤开始，宋朝有了守内虚外的国策，意思是防卫内部可能出现的隐患，尤其是武将叛变，而放松外部存在的威胁，主要是外部的少数民族势力。直到宋仁宗时代，这个国策彻底定型，宋神宗、宋哲宗尝试改过，但成效不大。

小Q：历史真是一环扣一环，赵匡胤受五代十国的影响，整个宋朝就总防着藩镇割据。没想到自己没出事，外面敌人来了。

姜sir：有一个成语叫饮鸩止渴，鸩是传说中的毒鸟，这个成语是说饮用鸩的羽毛浸泡过的毒酒解渴，比喻用错误的办法来解决眼前的困难而不顾严重后果。

小Q：用来形容宋朝的这些议和行为，太适合了。

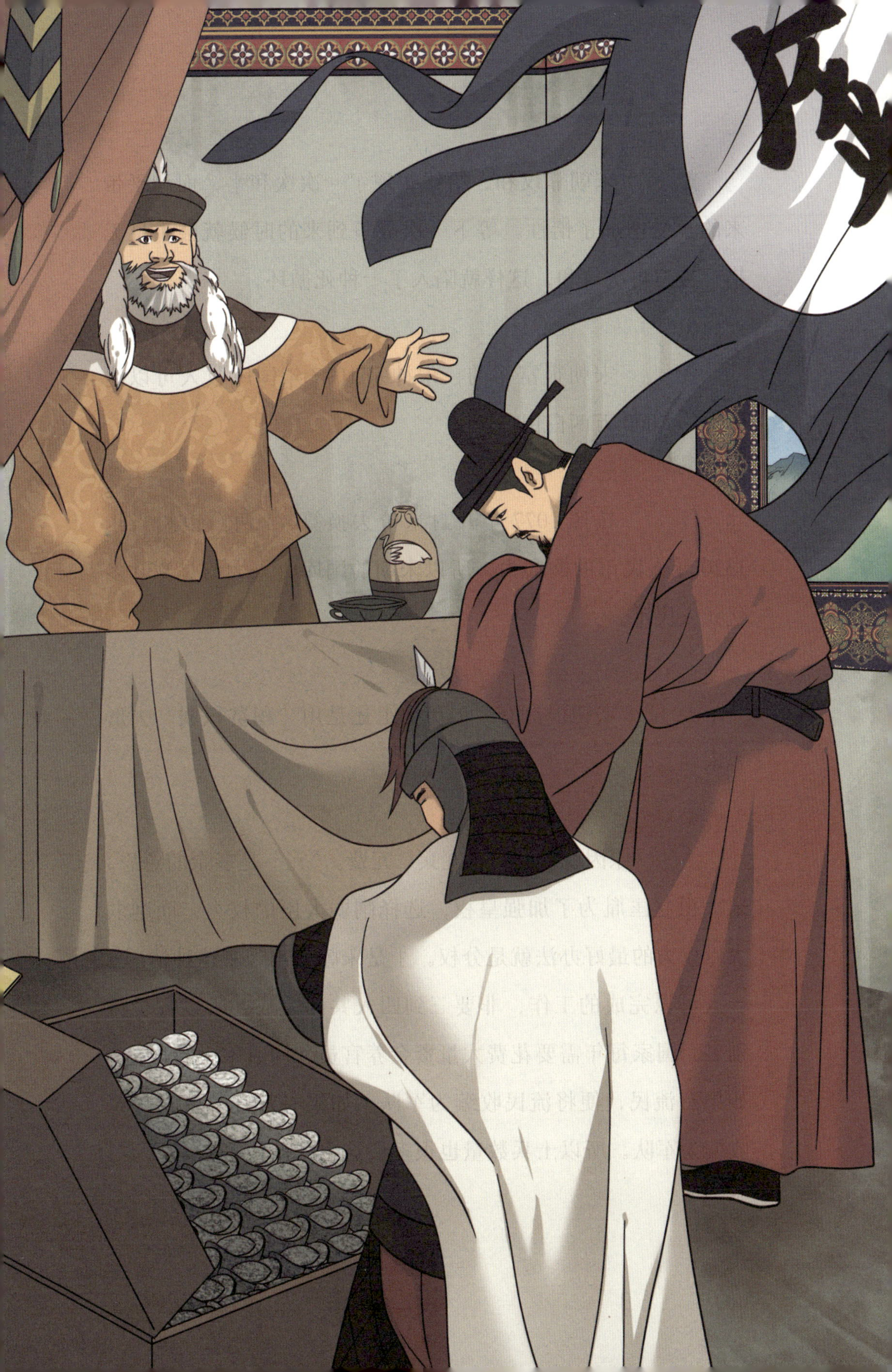

**姜 sir**：宋朝靠议和、给钱实现了一次次和平，而和平带来的享受增加了惰性。等下一次战争到来的时候就会手足无措，被迫再次议和，这样就陷入了一种死循环。

**小 Q**：宋朝是不是超级富有？

**姜 sir**：宋朝很富裕的，宋神宗1077年国库收入可以达到大约7000万两白银。

**小 Q**：那大约相当于多少人民币呢？

**姜 sir**：按照1077年开封米价去换算，1两白银相当于1320元人民币的购买力，所以宋朝的国库收入大约是930多亿元人民币。

**小 Q**：原来如此，难怪宋朝有钱去赔人家。

**姜 sir**：宋朝很富有，但历史上还是用"积贫积弱"去形容宋朝。

**小 Q**：弱我能理解，是真打不过，但为什么贫穷呢？

**姜 sir**：原因就在冗官、冗兵、冗费。"冗"是多余的意思，宋太祖赵匡胤为了加强皇权，选择削弱大臣的权力，而削弱大臣权力的最好办法就是分权。于是宋朝就出现了这种情况：一人可以完成的工作，非要三到四人共同完成。所以官员特别多，国家每年需要花费大量资金养官员。同时宋太祖规定：如果有流民，便将流民收编为军队；如果有叛乱，就将叛军收编为军队。所以士兵数量也很多，这也得用钱养着。

**小 Q**：收入是高了，但花销也太大了。

**姜 sir**：但其实宋朝的"积贫积弱"并不是古代的说法，而是近代历史学家的说法，并且是从 1940 年开始才有了这个说法。近些年，一些学者一直在质疑这个说法。为什么质疑呢？宋朝到底是否"积贫积弱"呢？我们下节见。

## 181 宋朝的争议

**姜 sir：** 各位同学,大家好,我就是那个人见人爱、花见花开、车见车爆胎的姜 sir。

**小 Q：** 大家好,我就是那个负责问问题的小 Q 同学。

**姜 sir：** 在我国的众多朝代中,后人一向以汉朝和唐朝为骄傲,而宋朝却充满了争议,尤其是积贫积弱是许多人对宋朝的习惯性评价。为什么这四个字能够这么深入人心呢？这一词最早源于近代的《国史大纲》,这本书中两宋历史部分所加的标题是"贫弱的新中央",下面的内容是"宋代对外之积弱不振""宋室内部之积贫难疗"。

**小 Q：** 这本书影响大吗?

**姜 sir：** 这本书是 1940 年 6 月出版的。当时成了各个大学的历史教科书,所以宋代"积贫、积弱"的说法就流传起来了。到了1963年,《中国史纲要》一书中采纳了这一观点,将"积贫"和"积弱"放在一起,作为一个完整的词出现,并与宋代联系在一起。

**小Q:** 那为什么会有反对的声音呢?

**姜sir:** 近些年有些学者一直试图通过各种论证来推翻宋朝"积贫积弱"的说法。有些学者通过对宋朝土地和人口的增长以及财政收支状况的数据分析,证实宋朝经济发展十分不错,不能算贫。

**小Q:** 可是宋朝花的钱很多啊。

**姜sir:** 钱是不够花的,但这里有一个数据,就是宋代中央收入除了政府的收入之外,还有皇帝内藏库收入。这个是不算到国家收入的,这笔钱可是数量很大的。

**小Q:** 什么叫内藏库收入?

**姜sir:** 内藏库就是直属皇帝的私人财政,皇帝有直接支配权,朝廷大臣不会过多地去干涉,俗称皇帝的小金库。

**小Q:** 天下不都是皇帝的吗?还需要这种小金库吗?

**姜sir:** 天下是皇帝的,但国库的钱也不能乱花的,那是昏君干的事。皇帝内藏库其实并不是宋代首创,西周就开始有了,从赵匡胤开始,宋朝小金库有了另一个特殊的作用,就是作为国家军事、饥荒的应急储备,一旦国家有大事发生,钱不够了,随时拿出来。比如,宋仁宗时期一共用了60次,43

次是用来补助军队，修宫殿用了3次，剩下的也都国家用了。1042年6月，一次就拿出银近200万两、绢近200万匹。

**小Q：** 皇帝的小金库好富有。

**姜sir：** 就算到了南宋，1190年内藏库数据是金约80万两，银190万两。

**小Q：** 没想到皇帝的小金库竟然有这么多钱。

**姜sir：** 清初的王夫之说过，宋代其实是弱而不贫，"神宗之误，在急以贫为虑，而不知患不在贫"，意思是你总担心自己穷，但其实不知道危险不在穷，而在弱上。

**小Q：** 看来给辽国、金国、西夏的那些钱，影响不是特别大。

**姜sir：** 有学者认为赔款数量很有限，在国家财政收入中只占很小的比例，同时宋朝也能赚回来很多。

**小Q：** 那用"弱"形容宋朝总没问题吧？打仗总是输。

**姜sir：** 中国自秦统一之后的王朝中，宋朝的存续时间超过了300年，仅次于两汉排在第二位。先后经历了与辽、西夏、金、蒙古的战争，从建国到结束就没停过，已经很不错了。

**小Q：** 那宋朝不能用"积贫积弱"这个词形容吗？

**姜sir：** 其实并不是要否定这个词语，而是希望更多的人对宋朝有一个全面的认识，其实宋朝就像是一个严重偏科的学生，除武力军事之外的所有科目，政治、经济、文化、社会生活各科都得了很高的分数。但因为一科的低分，总成绩

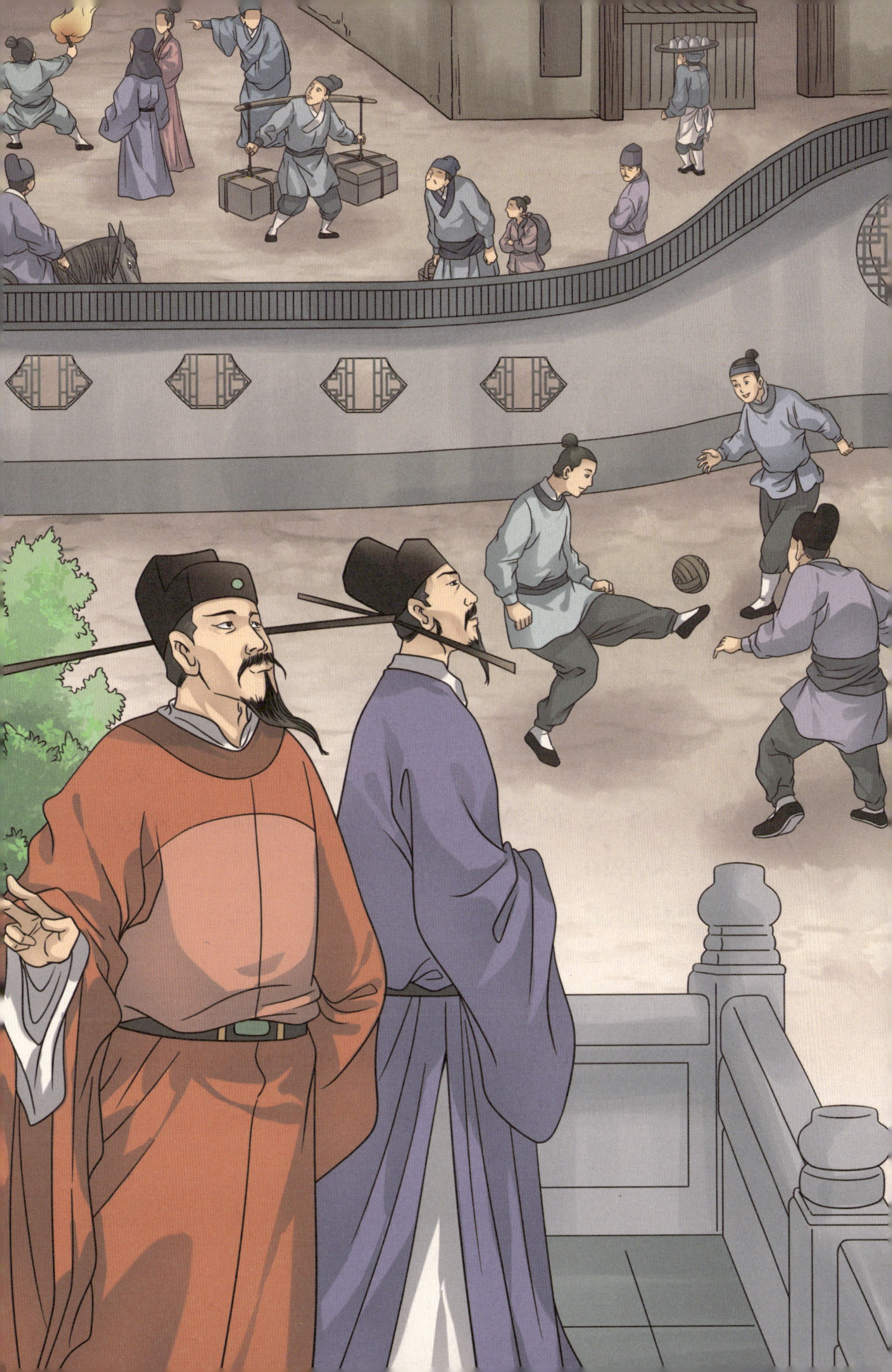

就没有那么高。

**小Q：** 我懂了，要全面地去看待宋朝的兴衰成败。

**姜sir：** 金国灭了，宋理宗也算完成了件大事，1264年，宋理宗病逝。侄子宋度宗继位，在位10年，毫无作为，整日吃喝玩乐，于1274年病逝。历史上对他的研究竟然很多都是宋度宗到底是不是弱智？

**小Q：** 能被人这么讨论，就算不是弱智，智商也不高。

**姜sir：** 按《宋史》的记载，宋度宗五六岁了还不会走路，7岁才会说话。刚刚登基一个月，就多次拒绝上朝，最后还是大臣合力才把这位从后宫里请了出来。宋度宗在位这10年，基本上是南宋的最后11年了，因为蒙古不会给南宋机会了。

**小Q：** 我猜宋度宗也是重用的奸臣吧？

**姜sir：** 就是南宋后期最为臭名昭著的奸臣贾似道，文天祥曾经写过："三百年宗庙社稷，为贾似道一人所破坏，哀哉。"意思是宋朝毁在了这一个人手里。

**小Q：** 奸臣、昏君、外面强大的敌人，这简直就是一个朝代结束的套餐配置。

**姜sir：** 宋朝本身就偏科，武力没那么强大，这个时候北方强大的蒙古骑兵又要来了，而蒙古帝国是如何一步一步崛起的呢？他们的战斗力到底有多强？我们下节见。

## 182 蒙古的崛起

各位同学,大家好,我就是那个人见人爱、花见花开、车见车爆胎的姜 sir。

大家好,我就是那个负责问问题的小 Q 同学。

**姜 sir**：上节我们说到强大的蒙古骑兵将会是南宋接下来的噩梦，而蒙古的崛起就要从唐朝结束说起了。907 年，随着唐朝的结束，中国进入了一个新的时期。

**小 Q**：这个我知道，就是五代十国乱世，然后由宋朝给统一了。

**姜 sir**：但宋朝没有开疆拓土收复幽云十六州，而这个时候，在我国东北地区生活着众多游牧和渔猎民族。907 年，辽太祖耶律阿保机成为契丹可汗，就是契丹的皇帝。916 年开始建立年号，建国号"契丹"。到了 926 年，契丹基本完成了对北方草原广大地区的统一。而女真人是生活在今天黑龙江、松花江流域及长白山地区，以渔猎为生的少数民族部落。女真翻译成汉语就是"东方之鹰"。

**小Q**：女真人就是后来的金国吧？

**姜sir**：对的。当时的辽国统治者长期向女真族索要珍珠、貂皮、名马和猎鹰"海东青"。在辽兴宗耶律宗真即位后，派出使者让女真人改名，把真字下面两点去掉，意为"去掉其双脚，使其不能反叛"，所以"女真"变成了"女直"。在沉重的税赋压迫下，女真各部不断起来反抗，辽国直接采用了出兵镇压的方式，被称为"鹰路之战"，从辽朝中期一直延续到辽朝末期，前后持续一百余年。女真族有几十个部落，这时候就联合起来形成了一个部落联盟。1113年，完颜阿骨打当上了部落联盟的首领，他就是金国的开国皇帝。

**小Q**：后来金国就联合北宋灭了辽国吧？

**姜sir**：1115年，完颜阿骨打建立了金国，随后占据我国东北地区并进一步灭亡了辽国。而这时候我国的西北地区，有1038年建立的西夏，还有1124年建立的西辽。

**小Q**：西辽？是不是灭了辽之后建立的，和我们的南宋北宋有点像。

**姜sir**：西辽是辽国灭亡的时候由契丹贵族建立。起初它是作为复兴辽国的根据地，后来随着金国的强大，西辽也逐渐放弃了复国的愿望，转而向西扩张。

**小Q**：这些国家，最后都被蒙古给统一了吗？

**姜sir**：蒙古开始在草原上崛起的时候，面对的主要是金国。在当时的蒙古人眼中，金国就是最强大的敌人。当时的蒙古还不是一个民族的称呼。那时候草原上有着非常多大大小小的部落，而蒙古只是其中的一个部落。

**小Q**：一定是这个部落后来统一了所有部落，慢慢就有了蒙古族。

**姜sir**：12世纪初，蒙古部落孛儿只斤·合不勒统一了周边的十余个部落，建立了一个名为合木黑·忙豁勒的部落联盟，意思是全体蒙古。合不勒则被拥立为蒙古部的第一任"汗"，汗是突厥语，意思是国王或部落联盟首领。

**小Q**：他们是不是要反抗金国了？

**姜sir**：金国其实一直没有彻底地征服过草原。金国从崛起开始，就以辽国为敌人，金通过灭辽战争接收了草原的东部地区，而草原的西部地区则被西辽控制着。金国在灭辽之后，就一直在不断地和南宋作战，而没有把统一整个草原地区当成自己的目标。

**小Q**：为什么不去征服草原呢？

**姜sir**：控制中原地区的收益高啊，中原比较富有。相比之下，征服草原地区获得的收益几乎微不足道。

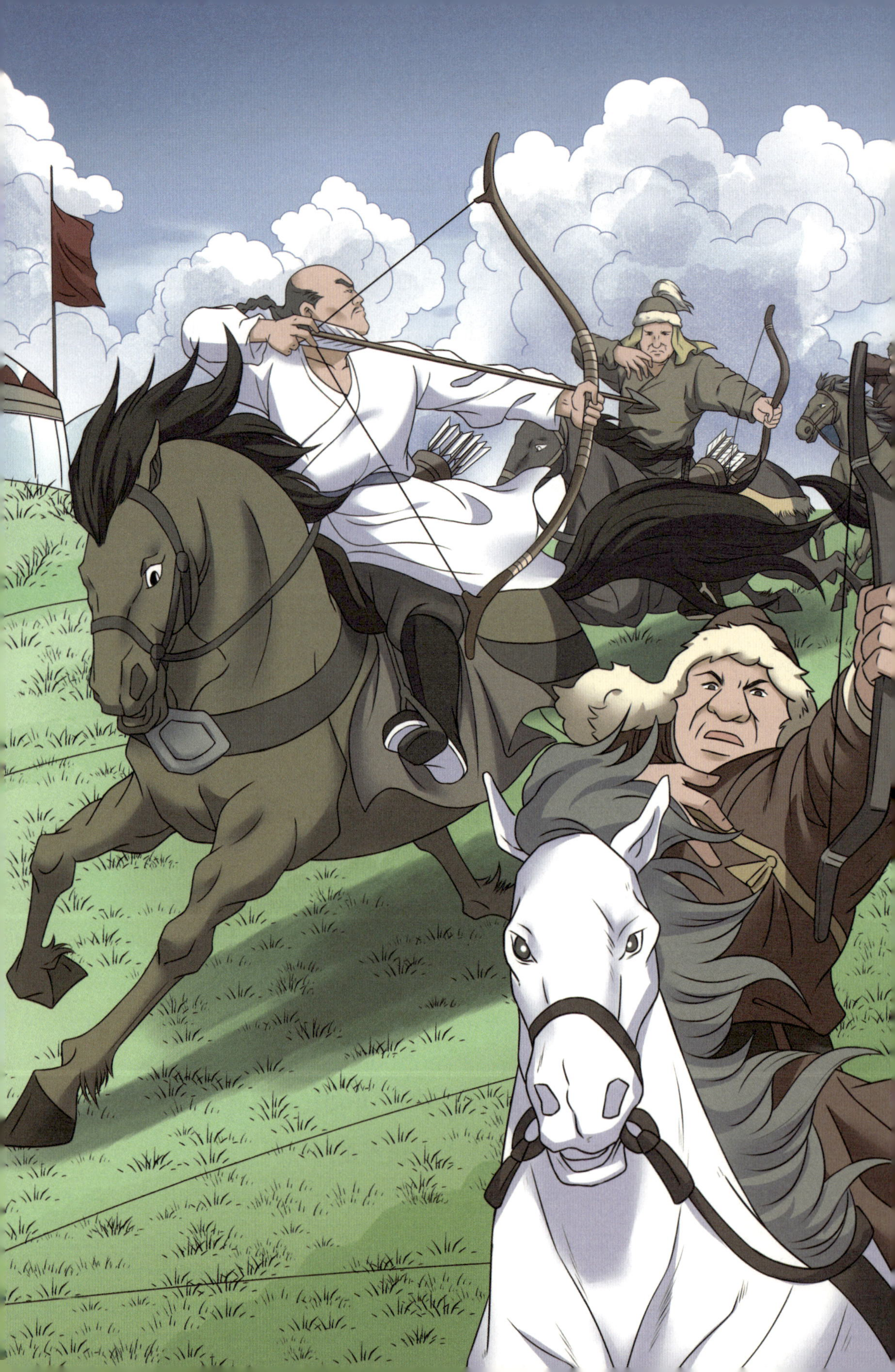

**小 Q**：换作我，也会去打宋朝。

**姜 sir**：从 1135 年开始，蒙古部在合不勒汗的带领下对金国北部边界地区接连不断地发动了多起规模较大的进攻。于是金国在 1139 年、1147 年两次向蒙古人发动战争。但战争的结果却大大地出人意料，号称所向无敌的金国骑兵居然败给了人数不多的蒙古骑兵，最后只能和谈。经谈判，金国被迫割让了一些土地，每年馈送蒙古大量的牛、羊和谷物。

**小 Q**：原来金国欺负宋朝的时候，也在被别人欺负啊。

**姜 sir**：但那个时候草原上还有几个强大的部族集团，如汪古、克烈、塔塔儿，相互之间也会打仗。所以金国认为，让这些势力集团互相残杀，这样对金国是有利的，在金国强大财力的支持和花样百出的煽动挑拨之下，草原的战争持续了很多年，而蒙古部的合不勒汗也去世了，合不勒汗临终前将汗位传给俺巴孩。

**小 Q**：他们的名字怎么和宋朝的听起来不太一样呢？

**姜 sir**：因为他们是少数民族，很多少数民族都有自己的文字和语言。俺巴孩汗主张以和平的方式解决争端，"咱都是草原的民族，别打了"。同时决定把自己女儿嫁给其中一个部落首领以示友好，并且亲自去送女儿，但没想到俺巴孩被抓了，还被押送到了金国。

**小 Q**：完了，这下蒙古部落肯定要报仇了。

**姜 sir**：忽图剌汗当选为蒙古部第三任首领，但为了这个位子，也是争来争去，所以内部并不团结，加上1161年金国与其他草原部落联合发动的一场突袭，蒙古部惨败。忽图剌汗的最后结局究竟如何，史料中没有任何记载，我们只知道并没有任何人继承他的汗位。于是蒙古部又恢复了以往那种部落林立、各自为政的局面。蒙古部的实力大大衰减，虽然忽图剌汗的侄子也速该也打了一些胜仗，让蒙古部看到了希望，但也速该后来被塔塔儿人毒死了。1162年，也速该的一个孩子出生了，这个孩子对整个中国历史产生了重要的影响，甚至影响了整个世界历史，他是谁呢？我们下节见。

## 183 一代天骄

**姜 sir：** 各位同学，大家好，我就是那个人见人爱、花见花开、车见车爆胎的姜 sir。

**小 Q：** 大家好，我就是那个负责问问题的小 Q 同学。

**姜 sir：** 上节我们说到 1162 年，一个孩子出生了，这个当时看起来很柔弱的婴儿在接下来的时间里，使蒙古人甚至整个世界的命运都发生了翻天覆地的改变，他就是铁木真。而这个名字竟然是被抓的俘虏名字。

**小 Q：** 怎么还有用俘虏的名字给孩子命名的？

**姜 sir：** 在古代蒙古时期，战胜者一般都会用战败者首领的名字来为自己的子女取名，并以此为荣。铁木真随着父亲也速该的去世，失去了最强战斗力的保护，他们家庭的地位急速下降。铁木真的生活也从衣食无忧一下子跌至窘迫的境地，跟着母亲挖草根，结网捕鱼。

**小Q：** 这样艰苦的生活能让铁木真得到磨炼。

**姜sir：** 1182年，铁木真长大了，20岁的他开始展现能力，越来越多的人跑来依附他，铁木真的力量逐步壮大。1189年，铁木真被依附的部落拥戴推举为首领。逐渐积蓄力量的铁木真并没有对外扩张势力，而是先吸收消化内部势力，把这些势力融合起来。后来，铁木真协助金国进攻了铁木真的仇敌塔塔儿部，并且沉重地打击了世仇塔塔儿人。同时，金国从1195年至1198年，对不服从其命令的很多部落进行了三次大规模的讨伐战。这些部落受到削弱的同时，金国损失也很大，这为铁木真统一蒙古草原提供了极好的条件。

**小Q：** 这可是个好机会。

**姜sir：** 1202年秋天，铁木真彻底完成了对蒙古草原东部地区的控制。但随着铁木真势力的逐渐壮大，他的同盟，也就是铁木真的义父王罕开始感到了恐惧。一些受到铁木真打击的蒙古贵族都投附到了王罕这边，劝王罕攻打铁木真。于是王罕父子请铁木真来赴宴，想在宴会上将他杀掉。就在铁木真犹豫是否赴宴的时候，王罕做贼心虚，以为铁木真知道了真相，竟然首先对铁木真发起了攻击。双方展开激战，铁木真战败，跟随他逃出来的仅有两千余人。

**小Q：** 我本来以为铁木真接下来就一帆风顺了，怎么还惨败了？

**姜sir**：这段时间，是铁木真在统一蒙古过程中最艰苦的日子。这一年秋天，铁木真的势力基本恢复了，他出其不意地包围了王罕的驻地。当时王罕毫无防备，慌忙应战，在激战三天三夜后王罕主力被击败。这一战，铁木真取得了统一蒙古草原的决定性胜利。1204年，铁木真与乃蛮部联军开战，铁木真打赢了。击败乃蛮后，铁木真很快出兵讨平了帮助乃蛮的各部落。1206年，他聚集各部落首领召开忽里台大会，会上铁木真被一致推举为全蒙古的大汗，并且被尊称为"成吉思汗"。

**小Q**：成吉思汗是什么意思？

**姜sir**：成吉思是大海或强大的意思，而汗则是蒙古人对于他们统治者的尊称，因此成吉思汗的意思就是指如同海洋一样强大的帝王。

**小Q**：这个称赞很高啊！

**姜sir**：所以后人一般都称呼铁木真为成吉思汗。就在成吉思汗建立蒙古帝国的时候，南面的宋宁宗下诏北伐金朝，就是开禧北伐。

**小Q**：然后就是签订不平等条约《嘉定和议》，人家蒙古帝国都已经崛起了。

**姜sir**：这时候的成吉思汗眼中只有金国，还无暇顾及南

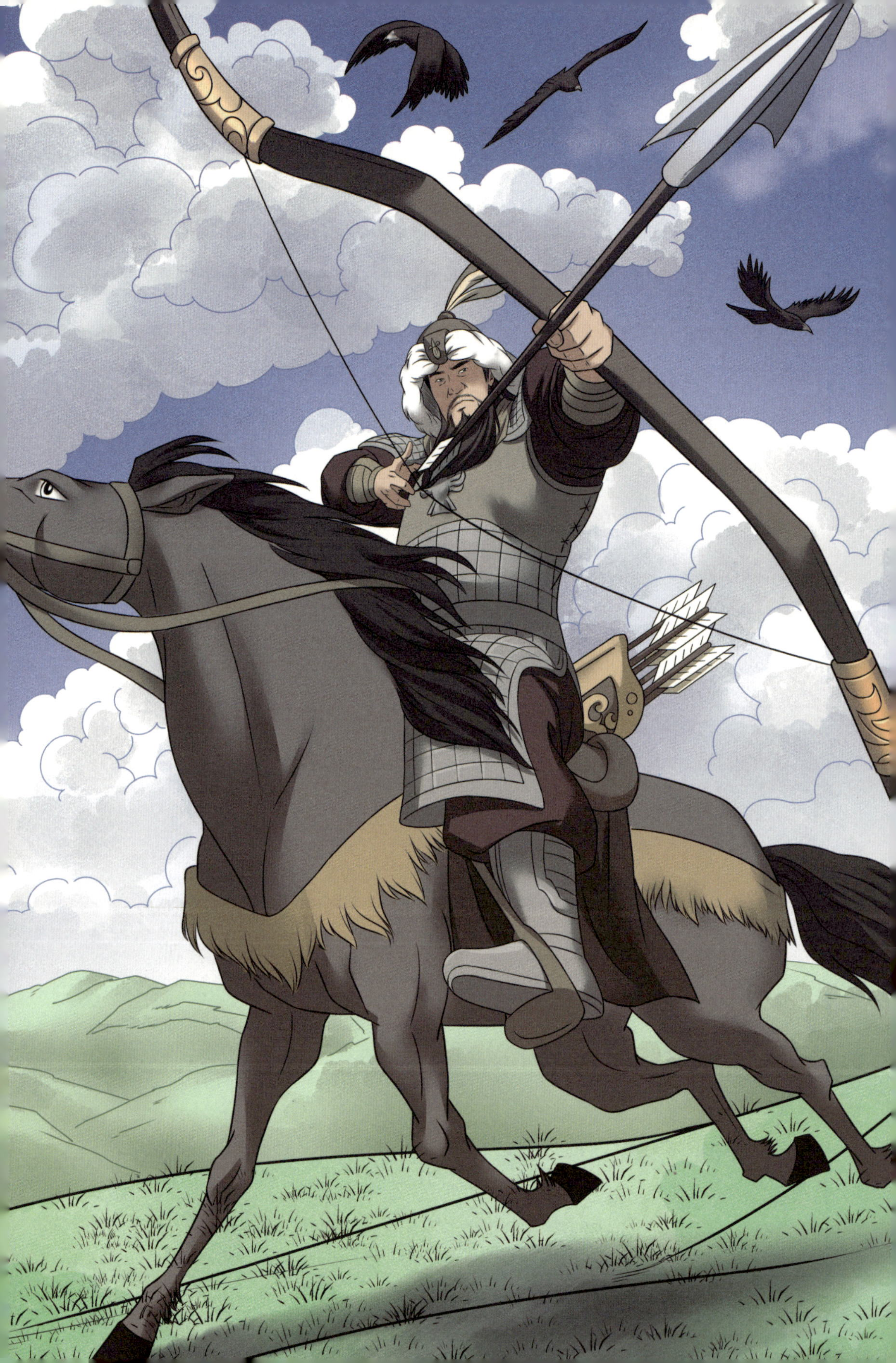

宋。1210年，成吉思汗正式断绝给金国的岁贡；1211年，经过多方面准备，成吉思汗亲自率领十几万蒙古骑兵精锐，日夜兼程，拉开了南下攻金的战幕。

**小Q**：让金国也尝尝南宋总被人欺负的滋味。

**姜sir**：这场决定双方命运的战役被称为"野狐岭之战"。成吉思汗进攻金国野狐岭，金国想凭借山势和长城的险要阻挡蒙古人。成吉思汗采取的是集中突破战术，指挥10万大军集中打击45万金国大军的中路部队。而金国的其他军队却因为兵力太过分散无法救援，最终蒙军大胜，金国几乎丧失了所有精锐，从此再也没有能力抵抗蒙古骑兵。金强蒙弱的战略局面自此扭转。1212年秋，成吉思汗又一次率军南下，蒙古军得胜，获战利品而归。1213年秋，成吉思汗第三次率蒙古大军南下攻金。3年的时间里成吉思汗节节胜利，占领金朝中原多个城市，见识到成吉思汗的实力强大，于是金国皇帝向蒙古求和。成吉思汗也知道，以目前的力量还消灭不了金国，需做长期打算。

**小Q**：金国都打不过成吉思汗，这南宋以后可怎么办？

**姜sir**：1214年5月，金国由于害怕蒙古军队，决定迁都，从现在的北京搬到河南开封。

**小Q**：这简直就是把宋朝历史重新演一遍。

**姜sir**：1227年7月，成吉思汗在军中去世。成吉思汗第三子窝阔台继承了汗位。窝阔台即位后，大举进攻金国。1233年，蒙古与南宋达成联兵灭金的协定。1234年，金国灭亡。

**小Q**：这蒙古军事实力也太厉害了。

**姜sir**：蒙古骑兵几乎就是冷兵器时代的巅峰，几乎战无不胜、攻无不克，即使是面对比自己多的敌人，他们也可以战胜对方。那么蒙古骑兵到底强在哪儿呢？我们下节见。

## 184 冷兵器的巅峰

各位同学,大家好,我就是那个人见人爱、花见花开、车见车爆胎的姜 sir。

大家好,我就是那个负责问问题的小 Q 同学。

**姜 sir**:上节我们说到了在一代天骄成吉思汗的带领下蒙古的崛起过程,而其中就一定离不开蒙古骑兵的作用,可以说那就是冷兵器时代的巅峰。

**小 Q**:什么是冷兵器?我知道有冷菜和热菜,难道兵器还有冷的和热的?

**姜 sir**:一般来说,冷兵器指不用火药,在战斗中能直接杀伤敌人、保护自己的武器装备,常见的有刀、剑等;而热兵器指利用推进燃料(火药)快速燃烧后产生的高压气体推进发射物的射击武器,比如大炮、手枪等。

**小Q**：那蒙古骑兵肯定没有手枪，他们的武器是什么？

**姜sir**：蒙古骑兵随身携带各种武器，这样可以随时完成不同的任务，通常有弓箭、马刀、长矛、狼牙棒等。蒙古骑兵大部分属于轻骑兵。

**小Q**：骑兵还分轻重吗？是按照体重分的吗？

**姜sir**：和体重无关，而是和装备有关。轻骑兵装甲薄、重量轻，适合突袭。重骑兵通常装备几层铠甲，重量大，适合大决战。

**小Q**：那蒙古骑兵有重骑兵吗？

**姜sir**：一支典型的蒙古军队里重骑兵大约占40%，轻骑兵占60%。这和蒙古骑兵的打法有关，他们在战斗中很少依赖单纯的正面冲击，通常使用的方法是一小部分骑兵不停地骚扰敌军，等到敌人攻击后后撤，等追击的敌军队形散乱时，早已四面包抄的蒙古骑兵先是一阵密集的弓箭射击，然后冲击过来，消灭敌人。

**小Q**：这种是不是就叫游击战？

**姜sir**：蒙古骑兵作战要领主要就是化整为零，遇到敌人，重骑兵在正面做适当的进攻，但主要目的是吸引敌方出击，然后轻骑兵从侧翼，就是边上进攻敌人。还有一种打法，先用弓箭射击，打乱敌军阵形，然后重骑兵负责对敌人进行冲击，轻骑兵再负责追击消灭敌人。这种骑射游击战，就犹如狂风暴雨一般，"野战无敌"的美誉可谓名副其实。

**小Q**：这种打法对马的要求很高，万一马跑不动怎么办？

**姜sir**：这就是蒙古马的重要性。蒙古马虽然身材矮小，速度也没有那么快，但蒙古马是世界上忍耐力最强的马。无论是寒冷的冬天，还是炎热的夏天，都生活在野外，具有极强的忍耐力，可忍受零下40摄氏度的严寒。并且不挑食，不挑环境，具有极强的适应能力，很少会坏肚子，生病。同时，它还可以长距离不停地奔跑，有人曾说："蒙古马是最接近骆驼的马。"蒙古骑兵四处征战时一定会带大量的母马随行，它们既可以提供马奶，还可以承担运输任务。在蒙古语中，对不同的马有着不同的称谓，分类特别详细。例如，按性别，母马是"戈武"；按年龄，一岁的马是"吴尼格"，两岁的马是"达格"；一群马是"阿渡"；等等。这足以证明，马在蒙古人的生活当中，占据了极其重要的地位。

**小Q**：想想南宋都没有多少战马，人家这么多好马。

**姜sir**：古代蒙古人由于经常需要狩猎，骑射技术是在其日常生活中学会的，可以说，蒙古人全民都是骑射手。蒙古骑兵以蒙古马带来的移动速度优势，在平原地区所向披靡。同时游牧部落随水草而居，每次迁徙，大的部落动辄万人，每一次迁徙都是一次军事演习。

**小Q**：蒙古骑兵的弓箭很厉害吗？

**姜sir**：蒙古骑兵擅长射箭，以此对敌人进行远距离进攻，他们拥有当时射程最远、杀伤力最大的弓箭，几乎就相当于古代的"枪"。还有一种被古罗马人称为"安息人射箭法"的战术，就是蒙古骑兵可以一边逃走，一边向后方的敌人射箭。这种战术的精髓在于从远距离持续不断地攻击敌人，还不给敌人还手的机会。在这种攻击下，不论敌人的精神和装甲多么坚强，彻底崩溃只是时间问题。

**小Q**：可他们是怎么攻城的呢？毕竟马飞不上城门。

**姜sir**：攻城最主要采用的是"先扫外围、后取主城"的围困法。把你围起来，周围弱小的城镇先消灭掉，粮食总有吃完的时候，援军来多少就消灭多少，就围着。让敌人弹尽粮绝，别无出路，只能投降。成吉思汗还建立了炮兵部队，以投石车和火炮、巨弩为主，把火药用抛石机抛出去。1220年，蒙古军在对尼沙布尔城的攻城战中，动用了强弩3000、投石车300、云梯4000、石囊2500，还有攻城车、破城车等。

**小Q**：蒙古骑兵是怎么训练出来的？这么厉害！

**姜sir**：蒙古地区有一望无际的草原，不适合种田，只适合游牧，放羊放牛放马，他们从小就开始学习骑马射箭。蒙古人的餐桌上以牛羊肉为主，导致蒙古人虽然身高不高，但非常强壮，具有非常强的耐力和爆发力。

**小Q**：但是弓箭不适合近距离作战啊，有什么厉害的武

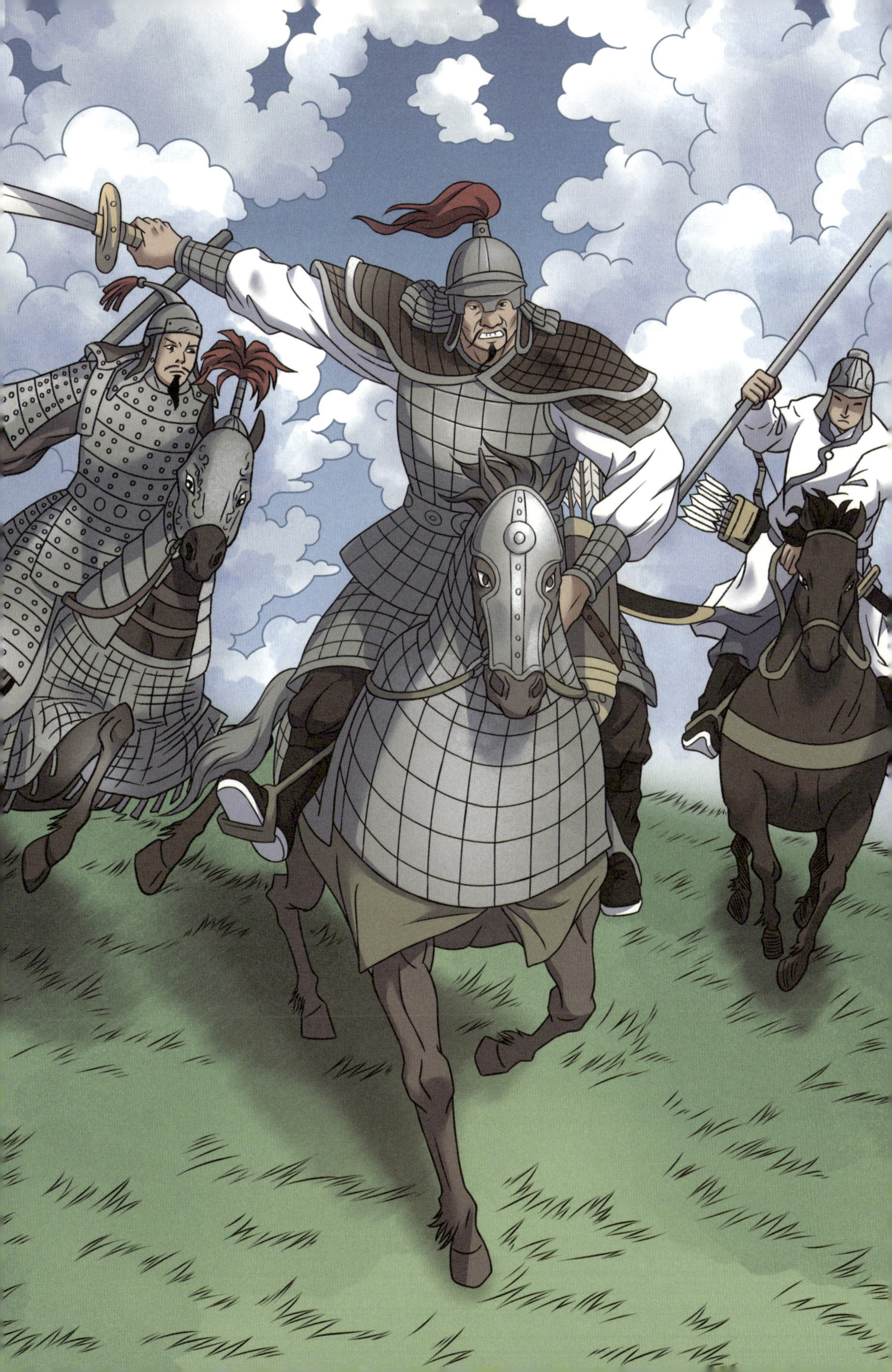

器吗？

**姜 sir**：蒙古骑兵近战武器习惯使用弯刀。刀小而轻，不会砍入敌人身体拔不出来，劈到敌人铠甲也不容易被震飞。轻骑兵还携带一种带钩的矛或枪，可以用钩把敌人拉下马。由于枪头有钩，刺入敌人身体不会太深，容易拔出。

**小 Q**：这样的军队，只要指挥得好，真的是太厉害了。

**姜 sir**：当时蒙古用商人充当间谍，其情报网络遍布欧亚大陆。每次大规模战争前蒙古人几乎可以说对敌人了如指掌，在分析情报的基础上制定作战方案。同时蒙古军队纪律严明，没有人会为看到财物而放弃战斗，违抗命令不进攻的人就会被杀。对逃兵的惩罚还十分严厉，"十人队中有人逃，而其他人没有当场制止，全队死刑，如果十人队全逃了，则该十人队所属的百人队全部处死"。

**小 Q**：不怪金国打不过。

**姜 sir**：在蒙古兵团的眼中，不仅仅有金国，还有全世界。蒙古先后三次西征，从老家蒙古一路打到了欧洲东部和阿拉伯世界，几近非洲北部埃及。蒙古骑兵是如何做到的呢？我们下节见。

## 185 蒙古西征

**姜 sir**：各位同学，大家好，我就是那个人见人爱、花见花开、车见车爆胎的姜 sir。

**小 Q**：大家好，我就是那个负责问问题的小 Q 同学。

**姜 sir**：1206 年，在成吉思汗铁木真的领导下蒙古部终于统一了整个蒙古草原，但当时刚刚统一的蒙古帝国却很穷。

**小 Q**：是因为长年的战争吗？

**姜 sir**：是的。统一之前，长期内部厮杀，草原上百姓生活十分贫困。由于这种长期分裂和游牧民族逐水草而居的民族特性，很少有商队来和蒙古部落做生意。

**小 Q**：游牧民族住的地方经常换，是吗？

**姜 sir**：是的。有水有草的地方比较适合放牧，所以人们要追逐有水有草的地方居住。因为蒙古人没有定居于任何城镇，所以商人们很少去他们那里。衣物在当时的蒙古人当中非常缺乏，据《蒙古秘史》记载，蒙古建国初期连成吉思汗的妻子都穿不上一套整件的衣服。

**小Q：** 那可以找地方去买啊。

**姜sir：** 古代北方游牧民族大多以牛、羊这种畜牧经济为主，其他生活资料都不能自己生产，只能通过自由交易获得，但当时蒙古和金国的关系已经决裂了，金国关闭了边境市场。

**小Q：** 那肯定得抢了。

**姜sir：** 虽然说抢是很快的方式，但是成吉思汗知道不能一直靠抢，所以他想促进蒙古与其他地方的商业贸易，甚至还派了骑兵去保护商人。当不能再与西夏和金国进行贸易时，向西的经商路线就非常重要了，可没想到出事了。

**小Q：** 是不是有商人被其他部落给抢了？

**姜sir：** 原本按照成吉思汗的计划，征服金国才是首要任务。但1219年，中亚的大国花剌子模杀死了近500人的蒙古商队，也有的版本说是十几个，后来还杀死了成吉思汗派去的使者。于是成吉思汗发动蒙古的第一次西征，亲自率领15万骑兵向西入侵花剌子模，花剌子模号称有40万军队，结果被蒙古军队打得大败。为了洗雪当初商队、使者被杀的耻辱，蒙古军每攻占一个花剌子模的城市，便开始报复性屠杀和掠夺。

**小Q：** 最后不会被灭国了吧？

**姜 sir**：花剌子模的首都几天就被蒙古骑兵打下来了，活下来的人一路向西逃跑，蒙古骑兵一路追击。1223 年，冲杀到西边最前线的哲别，率领蒙古大军击败了当年乌克兰的基辅罗斯诸王公所率的 10 万联军，后又攻入黑海北岸的克里米亚半岛。1225 年，第一次西征结束，蒙古帝国获得了巨大的扩张。这次西征，沿途中各国的富有令蒙古人大开眼界，激发了他们浓厚的兴趣。

**小 Q**：那肯定还有第二次西征了。

**姜 sir**：第二次西征的时候，成吉思汗已经去世了，由他的儿子窝阔台在 1236 年发动，也是规模最大的一次。当时蒙古刚刚灭掉金国，决定第一步西征俄罗斯，当时占领俄罗斯地区的是当地的保加尔人，蒙古军队不费吹灰之力就攻破了保加尔人的首都。之后的目标是俄罗斯草原的游牧民族——钦察人，蒙古再次取得了胜利。剩余的钦察人逃亡到了欧洲的波兰。

**小 Q**：蒙古骑兵不会追到欧洲那么远吧?

**姜 sir**：蒙古的西征队伍怎么会满足这么点成果？1241 年冬天，仅仅一个月的时间，西征军就成功征服了波兰。而这个时候剩余的波兰士兵和当地的日耳曼十字军组成了联军，阻击蒙古军队。将近 10 万的蒙古骑兵将对方的联军全部消灭。至此，整个欧洲再也没有能够阻挡蒙古骑兵脚步的军队，而蒙古人也成功地攻下了匈牙利。

**小Q**：欧洲不是也有骑兵吗？打不过蒙古骑兵吗？

**姜sir**：欧洲骑士注重防护，全副武装，不仅自己穿着盔甲，有些还会给马装备盔甲，这样一来，虽然防御力很强，但灵活性很弱。蒙古骑兵根本不会留和他们面对面硬冲的机会。所以欧洲的重骑兵遇到了专门克制他们的蒙古轻骑兵，根本没办法，都不知道人家蒙古骑兵哪儿射的箭。比如，1241年征服波兰的"里格尼茨战役"，蒙古骑兵一下摧毁了卢布林、扎维克霍斯、图斯克等好几座城市，他们的强悍让整个东欧都陷入了恐惧。亨利二世召集军队迎战蒙古骑兵，战斗是由亨利二世的骑兵率先发动的，波兰军队先派出一个骑兵分队进行试探性进攻，但很快被蒙古轻骑兵击溃。眼见第一分队受挫，波兰军队果断发动了中央骑兵团进行突击。在重甲骑兵的突击下，蒙古轻骑兵似乎支撑不住，拨转马头，全军逃走。波兰军队发动全军追击。蒙古轻骑兵是完全可以甩开重甲的波兰骑兵的，然而诡异的是，逃窜的蒙古骑兵十分贴心地照顾着敌人的速度，绝不让追上，也绝不让被落下，同时还回身射击。不知不觉中，前方蒙古轻骑兵队形发生了变化，一队变作两队，并开始向两翼展开。波兰骑兵冲上前去，发现了蒙古重骑兵。分为两队的蒙古轻骑兵已经悄无声息地向波兰骑兵团的两翼包抄过去，并且很快在他们背后合拢，如此

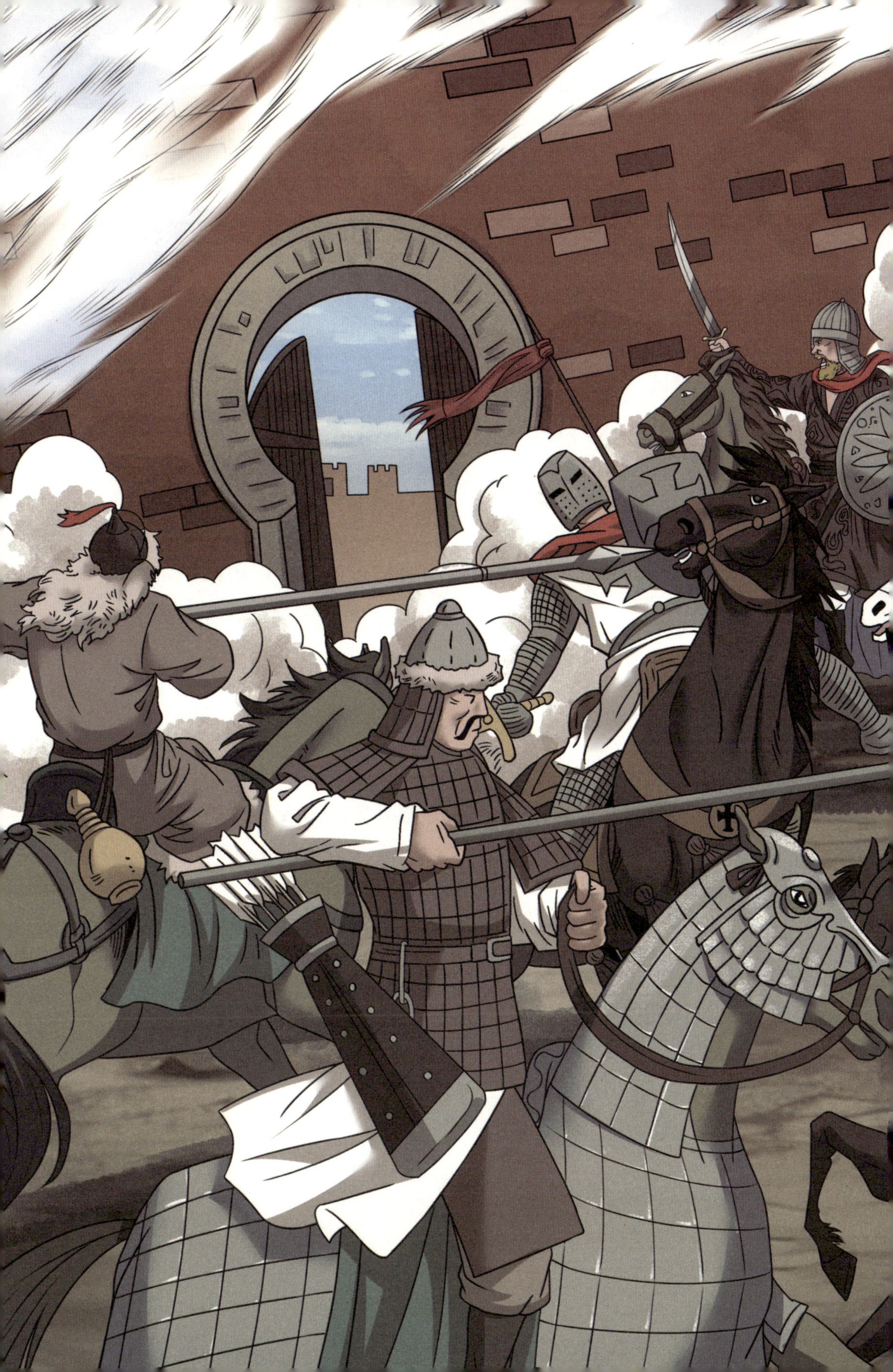

一来，波兰骑兵团便陷入了蒙古骑兵的包围之中。经此一役，波兰军队几乎全军覆没，连同逃出重围的亨利二世也被斩杀。里格尼茨战役是非常典型的一场蒙古骑兵战，诱敌—包围—围歼—追击，整个过程如行云流水，酣畅淋漓。

**小Q**：那第二次西征为什么会结束呢？

**姜sir**：窝阔台去世了。蒙古帝国内部有了短暂的动荡，蒙古大军只好回撤，轰轰烈烈的第二次西征便这样宣告结束。

**小Q**：感觉这次西征就没尽兴，肯定得有第三次。

**姜sir**：窝阔台是因为喝酒突然去世的，按照窝阔台的遗愿，汗位要传给窝阔台指定的继承人失烈门，但当时的失烈门年龄很小，而皇后一心想让自己的大儿子贵由上位，所以以失烈门年幼为由，皇后强行替代治理国家。

**小Q**：这个剧情好熟悉啊，在强大蒙古帝国也上演了。

**姜sir**：5年后，皇后正式推举贵由为大汗。但是贵由没多久就去世了，贵由死后，他的皇后也想治理国家，但把整个蒙古国治理得一塌糊涂。于是，蒙古内部要求再次选举新汗王，于是蒙哥当选新的汗王。第三次西征是由蒙哥地位稳定后下令的，这次也是蒙古帝国最后一次西征，而结束的原因竟然是因为蒙哥在攻打南宋的一座城池时去世了。到底是哪座城让蒙古大汗也没有打下来呢？我们下节见。

## 186 钓鱼城在哪儿？

各位同学，大家好，我就是那个人见人爱、花见花开、车见车爆胎的姜 sir。

大家好，我就是那个负责问问题的小 Q 同学。

姜 sir：上节我们说到蒙古骑兵的三次西征，在横扫亚欧大陆的时候，南面的宋朝也是目标之一。窝阔台即位时，蒙古、大宋联合起来消灭金国，南宋趁着蒙古军北撤派军向北收复了部分土地，窝阔台以南宋违背盟约为借口，趁机攻打南宋。

小 Q：南宋的战斗力能抵挡得住蒙古那么强大的战斗力吗？

姜 sir：这场战争 1235 年开始，1241 年结束。蒙古大军的主力当时都在西征，攻打宋的兵力并不是全部主力，蒙古大军一度已经进攻到了四川、江淮等地，但并没有那么顺利，在攻打合肥的时候遇到了宋军的顽强抵抗。和蒙古军队第二次西征结束的原因一样，由于窝阔台去世了，西征和攻打南宋的军队都要撤退。所以这次攻宋，并没有打下南宋。

**小Q**：那下一任蒙古大汗蒙哥肯定会攻打南宋了。

**姜sir**：窝阔台汗当年进攻南宋的时候，因为兵力分散，所以难以突破南宋的长江防御。这次蒙哥吸取教训，根据历史经验：历朝历代想平定南方，很多都是打下四川，然后出三峡，顺流而下，直取东南领土。所以蒙古骑兵也是出秦岭，进攻四川。基于此，南宋以重庆为重心构筑了山地防御体系，导致蒙古骑兵无法突破三峡，顺流而下。

**小Q**：原来南宋不是这么好打的。

**姜sir**：蒙哥决定改变战术，用蒙古人擅长的远程奔袭战术避实击虚，绕到南宋防守单薄的两广地区，然后再挥军北上，以此形成南北夹击。于是蒙哥先进攻南宋西南方向的大理国。

**小Q**：大理国是现在的云南吗？

**姜sir**：大理国比现在的云南省要大，包括现在的云南全省、贵州省中西部、四川省西南部、越南的北部、老挝的中北部、泰国的中北部、缅甸的西北部，而这次远征的主帅就是蒙哥的弟弟忽必烈。灭了大理之后蒙哥发现，大理国气候潮湿，蒙古大部队非常不适应，也就没办法绕到南宋的后面了。

**小Q**：那还得继续打，想办法顺江而下。

**姜 sir**：整场战争的关键点是南宋的一座城，叫钓鱼城。钓鱼城距下游重庆仅六十多公里。著名的"钓鱼城之战"被称为改变世界历史的战争，也被称为让南宋多存在 20 年的战争。

**小 Q**：这么经典，看来这座城很难打。

**姜 sir**：非常难打。钓鱼城守将王坚发动军民修固城墙，并在钓鱼山上修了一道"一字城"。一字城城墙从钓鱼城山顶出发，一个向南，一个向北，如同从山顶伸出的两只手臂，把敌人拦截在城墙和江流外。同时，两座水军码头得到城墙的保护，成为钓鱼城伸出的两个"拳头"，将嘉陵江牢牢掌握在宋军手中，可随时随地出其不意地登陆作战，袭扰蒙古军队后方。与此同时，王坚率领城中军民储备了大量粮草物资。可以说钓鱼城城墙坚固、粮食水源充足，具备了长期防守、独立作战的良好条件。

**小 Q**：听着就不好打。

**姜 sir**：蒙古军队不会直接进攻的，是先去劝降，告诉你：如果投降，荣华富贵；不投降，整个城里的人一个不留，全部杀掉，也就是屠城。这是蒙古军队的心理战术。当屠城的次数多了之后，一听到蒙古骑兵来了，守将为了保护百姓的性命都会主动打开城池，跪地投降。事实上，蒙古骑兵进攻的时候，许多城市都是闻风而降，因为害怕并没有真正抵抗，

1123

当时派去劝降钓鱼城的人就是南宋投降的官员。

**小Q**：我猜王坚肯定没投降。

**姜sir**：不但没投降，还把南宋投降的那个官员给抓住杀了。于是蒙哥指挥蒙古军发起了猛烈攻击。城上的宋军早有准备，弓箭、石块全用上了，蒙古军进攻数次，伤亡惨重。于是蒙哥换了战术，继续围着，就是不打。一个月后，蒙哥估计钓鱼城内粮食应该吃得差不多了，认为是重新发动攻击的时候了，从东、北、西三面向钓鱼城发动强攻。这次攻势又以惨败而结束。

**小Q**：这座城太难打了。

**姜sir**：半年的时间，劝降、偷袭、强攻、筑城、封锁，各种手段都用过了，就是打不下来。

**小Q**：为什么这么难打？

**姜sir**：第一，钓鱼城地势险峻，你的炮打不到我，你的攻城梯子也够不到我的城墙。第二，钓鱼山山顶有良田千亩，根本不怕被围，人家自己能生产粮食。而且那可是在重庆范围，夏天马上就到了，重庆30摄氏度以上暑热天气平均70天以上，盛夏40摄氏度以上极端高温天气持续近一个月，户外地表温度超过60摄氏度。

**小Q**：那蒙哥会撤兵吗？

**姜sir**：其实有大臣提出了方案，钓鱼城打不下就不打了，

城濠釣

在钓鱼城和重庆附近留下 5 万士兵，其余部队绕路去进攻南宋。但被蒙哥否定了，说必须打下钓鱼城。

小 Q：为什么蒙哥非要打下来呢？

姜 sir：蒙哥也有压力，当时蒙古的各路兵马，西征的、灭大理的都很顺利，自己打一座小城没打下来，说不过去。这时候，一件意想不到的事情发生了，蒙哥死了。关于蒙哥的死因有多种说法，一说因病，一说中箭，还有的说中飞石受伤就是钓鱼城下。

小 Q：所以蒙古就撤兵了，在欧洲西征的也撤回来了。

姜 sir：蒙哥的突然去世引起了蒙古内部的夺权纷争，谁会继承大汗的位子，接下来整个中国的局势会如何发展呢？我们下节见。

## 187 南宋灭亡

各位同学，大家好，我就是那个人见人爱、花见花开、车见车爆胎的姜 sir。

大家好，我就是那个负责问问题的小 Q 同学。

**姜 sir**：上节我们说到蒙哥在久攻钓鱼城不下的期间去世了，而这时候蒙古帝国也因为大汗的位子发生了争执，忽必烈在手握重兵的情况下自立为大汗，阿里不哥被蒙古本土贵族推举为蒙古国大汗，二人之间发生了冲突。1262 年，掌管山东的汉族军阀李璮起兵反叛，并与南宋取得联系，蒙古局势一时非常混乱。忽必烈很快平定了李璮叛乱，并且在 1264 年彻底击败阿里不哥，结束了蒙古长达 4 年的内乱，开始对南宋磨刀霍霍。

**小 Q**：这 4 年南宋就没什么准备吗？

**姜 sir**：南宋贾似道一手遮天，国家越来越腐败。这时还发生了件不幸的事，南宋四川守将刘整向蒙古投降，他所率领的水军也归附了蒙古。这成为南宋王朝末期最大的损失。

**小 Q**：为什么会当叛徒呢？

**姜 sir**：刘整认为自己的战功没有得到应有的奖赏，他严格意义上是金朝的汉人，在金朝衰亡的时候逃到南宋，参加了军队，本就被南宋这边的大臣将领们歧视，当时贾似道弄出了所谓的"打算法"，名义上是审查部队的军费支出问题，实际上就是网罗罪名，把不肯听命的一众将领革职查办，刘整向临安朝廷申诉，也毫无结果。此时刘整又听到了一个骇人听闻的消息，南宋的向士璧、曹世雄两位大将被陷害而死。刘整"益危不自保，乃谋款附"，于是他背叛了宋朝。

**小 Q**：估计要没什么特殊事件发生，蒙古灭宋就是时间问题了。

**姜 sir**：这场灭宋之战从 1268 年打到 1279 年。忽必烈知道自己以大汗的名义无法让汉族人臣服，于是在 1271 年建国，定国号为"元"。按照汉族的规矩追谥成吉思汗为"元太祖"；同时忽必烈改掉"只掠夺不经营"的做法，在原北宋地区大量屯田，积极安抚农民回归农田，恢复生产；并且在选官用人上对各个民族敞开大门，极力招揽人才。

**小 Q**：这比一支强大的骑兵部队还可怕，这就是奔着统一天下去了。

**姜 sir**：蒙古灭宋打了 12 年，其中不得不提的就是历时 6 年之久、双方死伤人数超 40 万的"襄樊保卫战"。襄阳和樊城地势十分险要，自古以来为兵家必争之地。1267 年，南宋降将刘整向忽必烈进献攻灭南宋的策略，就是先要打下襄阳和樊城。

**小 Q**：最怕这种投降的人，对自己太了解了。

**姜 sir**：这两城城高河深，外有崇山峻岭，两城又可相互支援，蒙古军采取长期围困的策略，在四周修城，封锁汉水，同时蒙古人造战船、练水军，切断南宋的水路支援长达 5 年之久，但襄、樊两城的所有军民并没有因此放弃抵抗，继续对抗蒙古大军。

**小 Q**：这就叫气节！

**姜 sir**：久攻襄、樊不下的蒙古大军找到了兵器专家，用了重型武器，因为主要制作者是西域的穆斯林，所以也叫"西域炮"；又因为它在攻打襄、樊时首次使用，所以又称"襄阳炮"；还由于它是兜着巨石向远方抛射，所以又叫"巨石炮"。1273 年 1 月，蒙古大军使用新式武器巨石炮轻松攻破樊城。

**小 Q**：蒙古骑兵就够厉害了，又来了个巨石炮。

**姜 sir**：其实没有这个炮，这两座城也快守不住了。6 年多的围攻，毫无外援，粮食、武器，连烧火的柴火都没有了。

由于蒙古军队攻破樊城后进行了屠城，几乎全杀了，所以后来襄阳在"襄阳投降可保全城安全"的允诺下投降了元朝。

**小Q**：南宋接下来估计挡不住了。

**姜sir**：襄阳陷落，南宋的门户被彻底打开。蒙古军队南下再无顾虑。1274年，忽必烈下令元军自汉江入长江，沿长江东下，一路上南宋将领或纷纷投降，或望风而逃，直至1276年，元朝军队兵临南宋首都，谢太后和年幼的宋恭宗出城投降。

**小Q**：这南宋就算结束了吗？

**姜sir**：宋恭宗投降后，南宋其余一些地方一直在坚持抵抗，陆秀夫、张世杰在福州拥立宋端宗为帝。不久，元军攻克福建，南宋的这股残余势力被迫移往广东，在广东海面遭遇台风，宋端宗的船沉在了大海里，宋端宗虽被救起，但大病一场，不久死去。端宗死后，张世杰、陆秀夫拥立七岁的赵昺为皇帝。1278年，张世杰、陆秀夫护卫赵昺来到广东新会，在崖山建立据点。

**小Q**：元军不可能放过这些人吧，肯定会追过来。

**姜sir**：1279年，元军进攻崖山，但多次被宋军打退，于是元军封锁海岸，不让宋军上岸打水、打柴，一连十多天，宋军只好喝海水止渴。

**小Q**：海水是不能直接喝的。

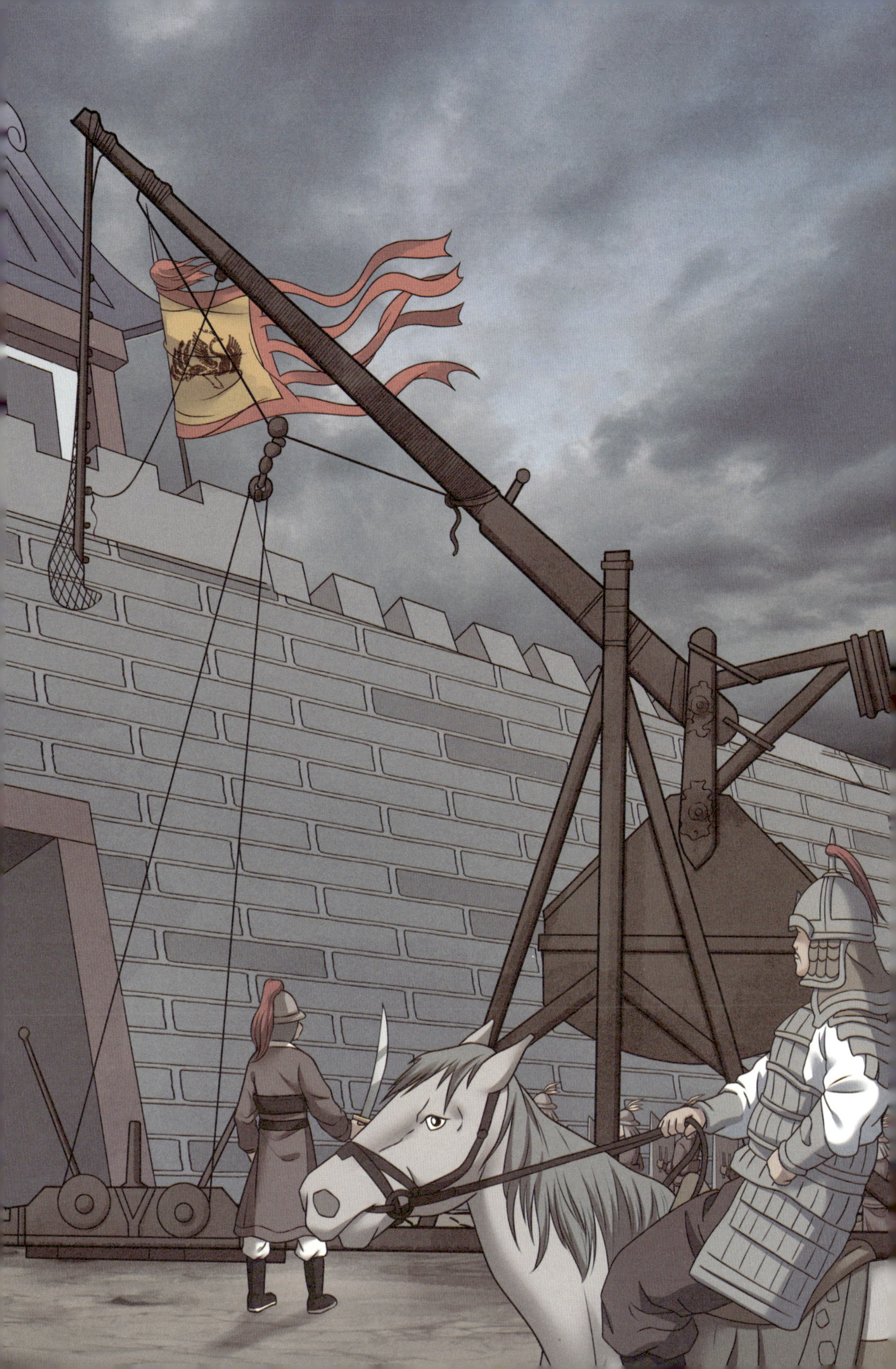

**姜 sir**：最终宋军大败。陆秀夫不愿被俘虏，眼含泪水背着小皇帝跳海自杀，残余的宋军和官员也纷纷跳海殉国。至此，南宋彻底灭亡。

**小 Q**：唉，南宋这个重文轻武的国家偏偏遇见了武力强大的蒙古。

**姜 sir**：宋走向灭亡，是多因素共同作用下的结果。在繁荣富裕的表象下，宋内部的问题也确实不少。军事制度存在致命弱点、皇帝个人能力不足、人才凋零等都是宋灭亡的重要原因。而在南宋灭亡的过程中，有一个人是不得不提的，他坚决不投降的精神是特别值得称赞的，他是谁呢？我们下节见。

## 188 人生自古谁无死

各位同学，大家好，我就是那个人见人爱、花见花开、车见车爆胎的姜 sir。

大家好，我就是那个负责问问题的小 Q 同学。

**姜 sir**：在我们中国漫长的历史中，每逢国家危难之际，便有无数仁人志士，为国家、为信仰，抛头颅洒热血，捍卫国家主权与尊严。南宋就有这样一位，拒绝了高官厚禄，用自己的生命维护着一个民族的尊严。此后的千年里，只要提起他的名字，没有人不竖起大拇指称赞他，他就是民族英雄文天祥。提到文天祥，就要先看看文天祥的长相，正史中很少特意去记载一个人的外貌，对于一些重要的历史人物，也只是用很少的文字去记录。而对于文天祥，《宋史》却用了 17 个字来描写他的外貌："体貌丰伟"，个子很高，身材很好；"美晳如玉"，皮肤很好，很白；"秀眉而长目"，帅气的眉毛和大眼睛；"顾盼烨然"，整体很有气质。

**小Q：** 这简直是人见人爱、花见花开的美男子。

**姜sir：** 文天祥不但人长得帅，科举考试还顺利。1256年，20岁的文天祥成功通过科举考试，考中了进士。在殿试上，以"法天不息"为题，文天祥洋洋洒洒写了一万多字，没用草稿，一气呵成，把当时的朝政批判了一番。按照规定，主考官阅卷后，须将前十名的卷子交由宰相复审，再呈送皇帝确定名次。文天祥名列第七，考卷被送到了宋理宗手里。宋理宗看到这篇文章之后被深深地震动了，文天祥被升为第一，当了状元。文天祥的名字也让宋理宗很喜欢，天祥，天降的吉祥，是宋朝有瑞气的预兆。从此，宋瑞就成了文天祥的字。

**小Q：** 那文天祥肯定会得到重用吧？

**姜sir：** 1259年，蒙古向南宋发动大规模入侵战争。9月，忽必烈围住了湖北武昌。这个时候有人建议南宋迁都到今天的浙江宁波，以躲避蒙古军队，文天祥知道后向皇帝上书，指出迁都的建议是小人误国，提这种建议的人应该杀了。同时文天祥提出了改革方案，但宋理宗没有采纳文天祥的建议。幸亏碰上蒙古内乱，忽必烈急于回去抢夺汗位，蒙古才退兵。1260年，24岁的文天祥看到朝廷奸臣当道，改革无望，一度有了辞官的冲动。

**小Q**：感觉文天祥会和这群贪官污吏发生冲突。

**姜sir**：1264年，宋理宗去世，贾似道拥立太子为帝，进一步操纵朝政，南宋朝政更加腐败不堪。文天祥因为得罪了贾似道被贬官，后来又被重新起用。在蒙古大举南下，南宋已到危亡时刻时，文天祥捐出全部财产做军费，又招募3万人，组建了一支义军，抗元救国。文天祥从未上过战场，朋友就劝他："你这是羊入虎口。"文天祥却说："我知道这个情况，但如今朝廷危急，如果没有一兵一卒去保卫的话，会感到遗憾。因此，我自不量力为国效力，所做之事并不是为了自己，而是希望能起到一个带头的作用。希望天下有识之士知道之后，能共保天下社稷。"

**小Q**：这是真英雄！

**姜sir**：1276年，南宋要和蒙古谈判。蒙古要求南宋要派出宰相级别的官员会谈，但当时的南宋宰相害怕，不敢去，就跑了。于是朝廷任命文天祥当宰相去谈判，在谈判期间，面对对方的恐吓，文天祥面无惧色地回答："吾乃南朝状元宰相，但欠一死报国，刀锯鼎镬，非所惧也！"文天祥的气概赢得了蒙军将领的赞赏，想劝降文天祥，但文天祥拒绝了，被扣留在军营中，其他大臣签订降书后于次日返回临安。之后，文天祥被押往大都，就是现在的北京。没想到文天祥中途逃脱了，但当时南宋已经投降了，只剩下远方还在抵抗的小朝廷了。

**小Q**：那文天祥怎么办，回去找他们吗？

**姜 sir**：1277年，文天祥继续招募军队抗击元朝，虽然也有胜利，但面对元朝主力的时候还是败了，妻子女儿也被元军抓走，同时文天祥也遭到了敌人的伏击，被抓。文天祥吞下随身携带的药品准备自杀，却没有成功。醒来后，成了俘虏。文天祥被俘之后，元军让他劝降南宋大将张世杰，文天祥却赋诗道："辛苦遭逢起一经，干戈寥落四周星。山河破碎风飘絮，身世浮沉雨打萍。惶恐滩头说惶恐，零丁洋里叹零丁。人生自古谁无死，留取丹心照汗青。"这就是千古流传的《过零丁洋》。 意思是人总有一死，就看怎样死，是屈辱而死呢，还是为民族利益而死。他选取了后者，要把这片忠心记录在历史上。文天祥写这首诗就是要告诉元军，他即便就是死了也不会干违背自己理想的事。不久后，南宋小朝廷灭亡。

**小Q**：这么优秀的人物，元朝一定想让文天祥投降吧？

**姜 sir**：南宋灭亡后，元军将领问忽必烈如何处置文天祥，忽必烈说："谁家无忠臣？"命令以礼相待文天祥，将他送到元大都，决心劝降文天祥。因为当时南宋虽然灭亡，但元朝的统治还不稳固，如果文天祥可以投降，以文天祥的影响力，很多人都会放弃内心对元朝的排斥。

**小Q**：我猜文天祥不会投降。

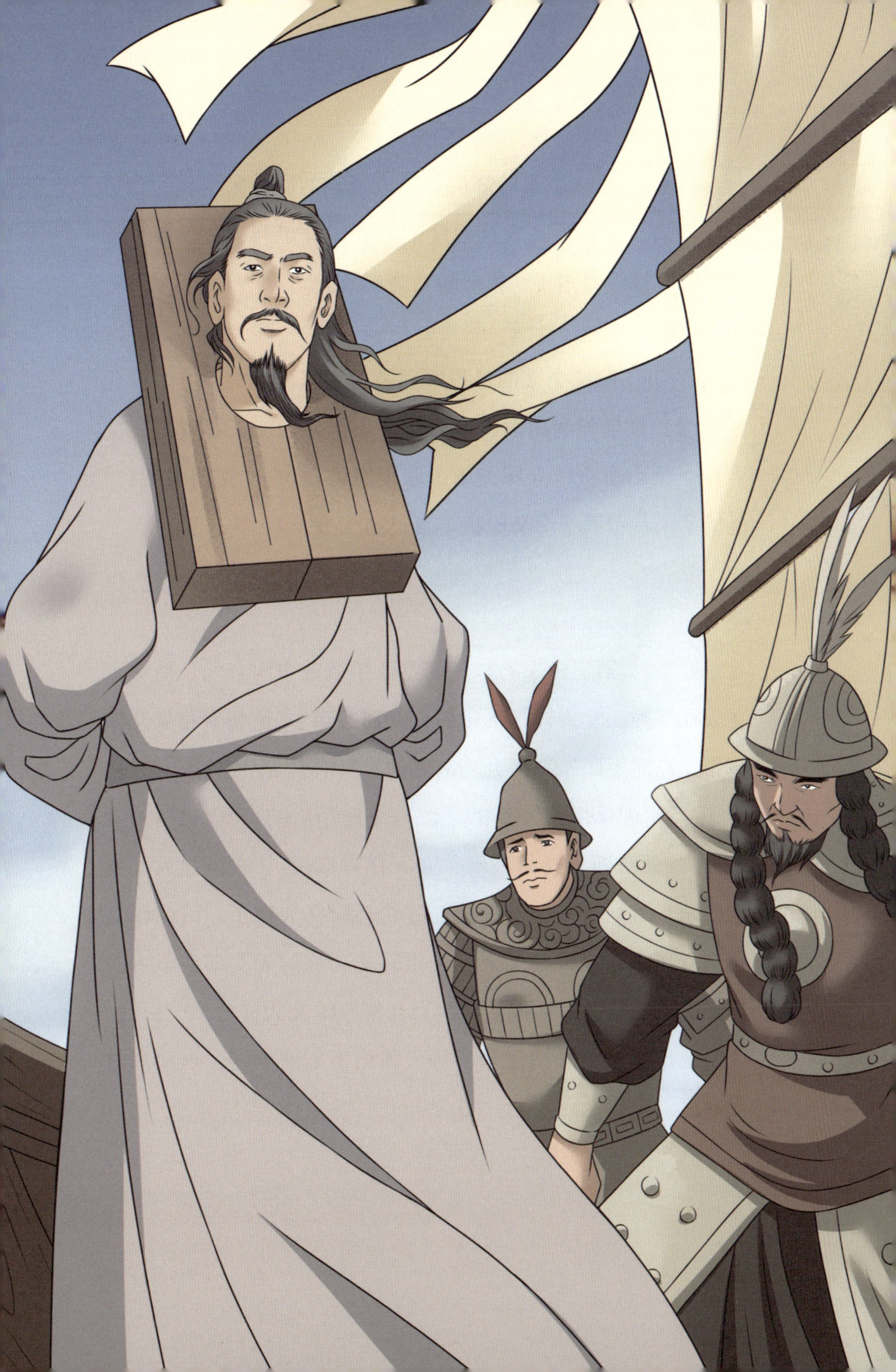

**姜sir**：第一个来劝降的是已经投降的原南宋丞相，相当于前同事，先告诉文天祥投降的好处，没想到，文天祥一顿大骂，直接给骂走了，第一轮劝降失败。

**小Q**：这种投降派，骂得好！

**姜sir**：第二个来的是投降后被封为瀛国公的宋恭帝。元朝统治者只是想利用旧日的君臣关系，逼迫文天祥就范。文天祥一见小皇帝，立即跪下，眼泪直流，说："您回去吧！"既给了宋恭帝面子，又保持了自己的气节。

**小Q**：一直效忠的皇帝都投降了，文天祥心里得多难受啊！

**姜sir**：第三轮来的是元朝重臣平章政事阿合马。他命令文天祥下跪，文天祥却不示弱，并回答道："南朝宰相见北朝宰相，岂能下跪？"阿合马故意问："你何以至此？"文天祥回答："南朝早用我为宰相，北人到不了南方，南人也到不了北方。"面对阿合马的威胁，文天祥直接说："亡国之人，要杀便杀！"阿合马也没办法，这轮劝降又失败了。第四轮元朝准备用亲情来打动文天祥，当时文天祥的妻女都在蒙古的皇宫里当奴仆，生活很艰辛，女儿柳娘给文天祥写了一封信，信中说了很多，详细记录了每天猪狗不如的生活，求父亲救救她。

**小Q**：这太难受了，亲情啊。

**姜 sir**：文天祥知道这是元朝打出的感情牌，只要自己投降便可与家人团聚。他强忍着悲痛，只能说爹爹管不得。后来在给自己妹妹的信中，文天祥写道："人谁无妻儿骨肉之情，但今日事到这里，于义当死，乃是命也。"最后忽必烈亲自来劝降，文天祥依然不肯投降。1283年1月9日，文天祥慷慨就义，时年47岁。文天祥在刑场上，临死前他问旁边的百姓哪一面是南方，百姓指给他看了。文天祥恭恭敬敬地朝着正南方拜了几拜，那里有他故国，然后从容就义。在生命的尽头，文天祥以耀眼的光辉实现了淋漓尽致的解脱，他为自己也为宋朝的历史增添了最后一抹亮色。正如文天祥绝命词所写：

> 孔曰成仁，孟曰取义；惟其义尽，所以仁至。读圣贤书，所学何事？而今而后，庶几无愧！

千百年来，正是这样的民族气节，才使得中华民族能够延续下去。到这儿，我们也要和宋朝说再见了。下一节就让我们对这个特殊的、充满争议的宋朝进行一下总结，我们下节见。

## 189 文化的强盛

各位同学，大家好，我就是那个人见人爱、花见花开、车见车爆胎的姜 sir。

大家好，我就是那个负责问问题的小 Q 同学。

姜 sir：宋朝结束了。北宋 168 年，南宋 153 年，虽然多次屈辱求和，虽然打仗总输，虽然出现了一些贪官污吏，但不可否认宋朝是我国历史上少有的文化盛世。

小 Q：就是偏科。看来这节要讲宋朝最擅长的科目了。

姜 sir：首先我们看看宋朝皇帝的喜好。在古代，皇帝的喜好对文化的影响可是非常大的，宋朝的皇帝们不仅特别爱读书，还喜欢收藏书，很多珍贵的历史典籍能够保存下来就和宋朝这些皇帝有关。"开卷有益"这个成语故事说的就是宋太宗赵光义，意思是读书总有好处。据统计，两宋三百多年国家藏书共 98019 部，计 119972 卷。

**小Q**：皇帝喜欢读书，肯定能促进文化的繁荣。

**姜sir**：在吟诗、作词、书法、画画这些方面，宋朝的皇帝们水平也很高，尤其是那个不擅长做皇帝的宋徽宗，简直就是大师级别。

**小Q**：那宋朝整体文化都哪些方面很强？

**姜sir**：先说科技，宋代的科技发展达到了中国历史的顶峰。北宋年间毕昇发明了活字印刷术，比德国活字印刷术早大约四百年。在宋朝，航海交通上使用指南针已经非常普遍。后来指南针传入阿拉伯和欧洲各个国家，为海上新航路的开辟提供了重要条件。火药最早可见记载出现在唐代，是由古代炼制丹药的人发明的。经过宋朝不断的发展，后期研制出了世界上最早的原始炮管和大炮射弹。还有沈括的《梦溪笔谈》一书，对中国古代历史的科技成就做出了全面的总结。

**小Q**：宋朝好厉害。

**姜sir**：造纸术虽然是汉朝发明的，但发扬光大这项技术的却是南宋，南宋的纸做得薄、软、轻、细，价格也便宜。印刷术和纸的进步又推动了书籍的繁荣，当时在宋朝边境还有一种特殊的生意，就是偷偷走私卖给敌人书籍。

**小Q**：战马不能买卖我懂，书籍也不让买卖吗？

**姜sir**：当时宋、辽、金三方出于民族斗争和国防保密的需要，都以各种方式禁止本朝书籍传到其他国家。辽国人曾经以十倍的价格收购宋朝的图书。刚开始的惩罚只是没收书籍，到了宋神宗在位时期，为了"书禁"彻底，开始加大惩罚力度，改为处3年徒刑。说完科技，还得提到思想方面。

**小Q**：那肯定要提到朱熹了。

**姜sir**：朱熹创立的理学对后世影响极大，将儒家学说带入了新的发展阶段，哲学界还有北宋五子，同时期还有以司马光为代表的温公学派、以王安石为代表的荆公学派、以苏轼为代表的蜀学派、以南宋陈亮为代表的永康学派。

**小Q**：简直就是百家争鸣。

**姜sir**：还有宋代的绘画是美术发展史中一个辉煌灿烂的时期，宋代的画院全称是"翰林图画院"，大量优秀的画师集中在画院为国家服务，这些画家除了少数是由前辈推荐进入外，都要经过统一的考试。宋徽宗时期，一批画院画家还能去当其他官职。同时宋代还有画画的理论书籍，比如《林泉高致》《山水纯全集》。提到宋朝的绘画，其中有一幅名气非常大，属国宝级文物，现在收藏于北京故宫博物院。

**小Q**：国宝级？哪一幅画？

**姜sir**：这幅画就是《清明上河图》。《清明上河图》不但在艺术史中占有一席之地，而且还出现在工程技术史的著作中。很多有关城市规划原理的专业书籍，都将《清明上河图》

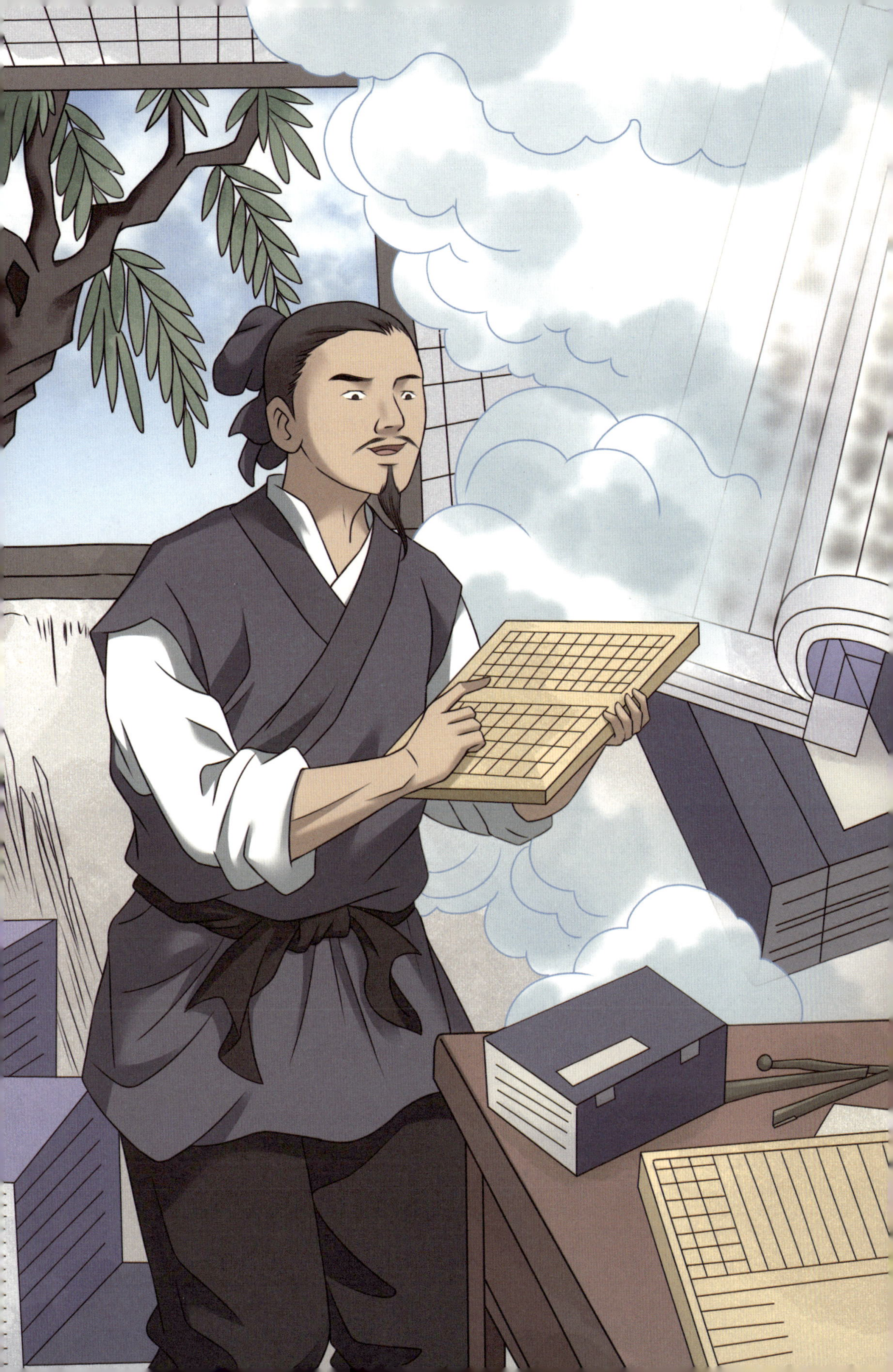

作为历史文献加以引用。

**小Q**：这幅画到底画了什么？

**姜sir**：《清明上河图》主要描绘了北宋时期都城汴梁东角子门内外和汴河两岸的繁华热闹景象。画上不仅有数量庞大的各色人群，牛、骡、驴等牲畜，车、轿、大小船只，房屋、桥梁、城楼等各具特色，体现了宋代建筑的特征。

**小Q**：这画多长多宽？

**姜sir**：《清明上河图》长528.7厘米、宽24.8厘米，作者是北宋画家张择端。

**小Q**：有机会我一定要拿着放大镜去看看这幅画。

**姜sir**：在博物馆里，不仅宋代的画出名，宋代的陶瓷也很出名。汝窑、官窑、哥窑、钧窑、定窑是宋代的五大名窑，其中钧瓷有"黄金有价钧无价"和"家有万贯，不如钧瓷一件"的说法。五大名窑是全球各大博物馆和收藏家梦寐以求的宝贝。

**小Q**：宋朝真是文化强盛，文人应该也挺幸福的。

**姜sir**：有人曾经这么说过，宋朝的文人除了读书、当学者之外，最重要的是他们有一种生活的品位，比如重视生活里面怎样喝茶，不追求权力与财富，会去思考自己生命的意义。

**小Q**：我真想去宋朝穿越一天，感受一下。

**姜 sir**：既然小 Q 提出了这个想法，那我们下一节就去穿越一下。假设没有战争阴云的笼罩，和平繁荣的宋朝生活是怎样的，我们下节见。

## 190 小Q宋朝穿越记1

各位同学，大家好，我就是那个人见人爱、花见花开、车见车爆胎的姜 sir。

大家好，我就是那个负责问问题的小Q同学。

**姜 sir**：上一节小Q特别想去宋朝生活一天，那么我们就展开想象力，用心感受一下宋朝的生活。首先睁开眼睛，肯定要刷牙洗脸。

**小Q**：刷牙？宋朝有牙刷吗？

**姜 sir**：成都中药博物馆展出有宋朝的牙刷，其距今已经有1000年了，牙刷头部所植的毛束由于时间较长已经消失。植毛部有12个植毛孔，分为两排，每排有6个孔眼，牙刷柄是圆形，植毛部的柄是扁平长方形，与现代牙刷极为相似。

**小Q**：那他们有牙膏吗？

**姜sir**：《医说》记载："世人奉养，往往倒置，早漱口不若将卧而漱，去齿间所积，牙亦坚固。"这说明宋朝时，医生就开始劝人注意牙齿的清洁和保养！当时宋代人用牙粉。苏轼在被贬时，曾自己配制过牙粉，他把松脂和茯苓晒干捣末，筛出细粉用于刷牙。刷完牙，我们就去吃早餐，先去喝一碗汤茶药。

**小Q**：我又没生病，一大早为什么要喝药？

**姜sir**：不是药，是由茶叶、绿豆、麝香等原料煎煮加工而成的茶。因为在宋朝人眼里，茶叶也是一种药物。还有阿婆茶，里面有烤黄的板栗、炒熟的白芝麻、连核带肉的橄榄、去壳的胡桃。或者荔枝圆眼汤、紫苏汤、干木瓜汤、湿木瓜汤、白梅汤、乌梅汤、桂花汤、破气汤、玉真汤、薄荷汤、枣汤、杏霜汤、生姜汤、胡椒汤。

**小Q**：没有主食吗？不能只喝汤啊。

**姜sir**：当然有，来一份"酥琼叶"。把蒸好的馒头切成薄薄的片，涂上蜜或者油，在火上烤，烤好后颜色焦黄，又酥又脆。要是想吃面，有软羊面、桐皮面、盐煎面、鸡丝面、插肉面；想吃馒头，有羊肉馒头、笋肉馒头、鱼肉馒头、蟹肉馒头、糖肉馒头；想吃饼，有千层饼、月饼、乳饼、菜饼、牡丹饼、芙蓉饼、菊花饼。

**小Q**：吃不下了，早餐足够美味了。

姜sir：还可以一边吃着早餐，一边看着报纸。

小Q：宋朝就有报纸可以看了？

姜sir：南宋的时候都已经有每日发行的报纸了，可以每天都看到更新的国家大事，但是报纸的内容审核非常严格。同一时期还出现了一种小报，就是报道一些小道消息，有些人抢先用小报刊登官方报纸还没有发表或不准发表的消息，消息来源就是宫廷和各级政府的工作人员。这种小报很贵，但报道的速度快，"率有漏泄之禁，故隐而号之曰新闻"，具有时事报道含义的"新闻"一词就出现了。

小Q："新闻"这词是这么来的。

姜sir：小报新闻性很强，但内容有真有假，因消息有的来自政府机构的泄露，有的来自老百姓的谈论，甚至有些是胡编乱造。

小Q：早饭吃完了，上午去哪儿玩呢？

姜sir：我们就找个公园吧，梁园、芳林园、玉津园、下松园、药朵园、养种园、一丈佛园、马季良园。

小Q：这么多，玩不过来。

姜sir：这些都是皇家园林。

小Q：这不是开玩笑嘛。皇家园林，我也进不去啊。

姜sir：在宋朝，开放私家园林是一种社会习俗，定期开放皇家园林则是国家制度。我们就挑选一座皇家园林。北宋

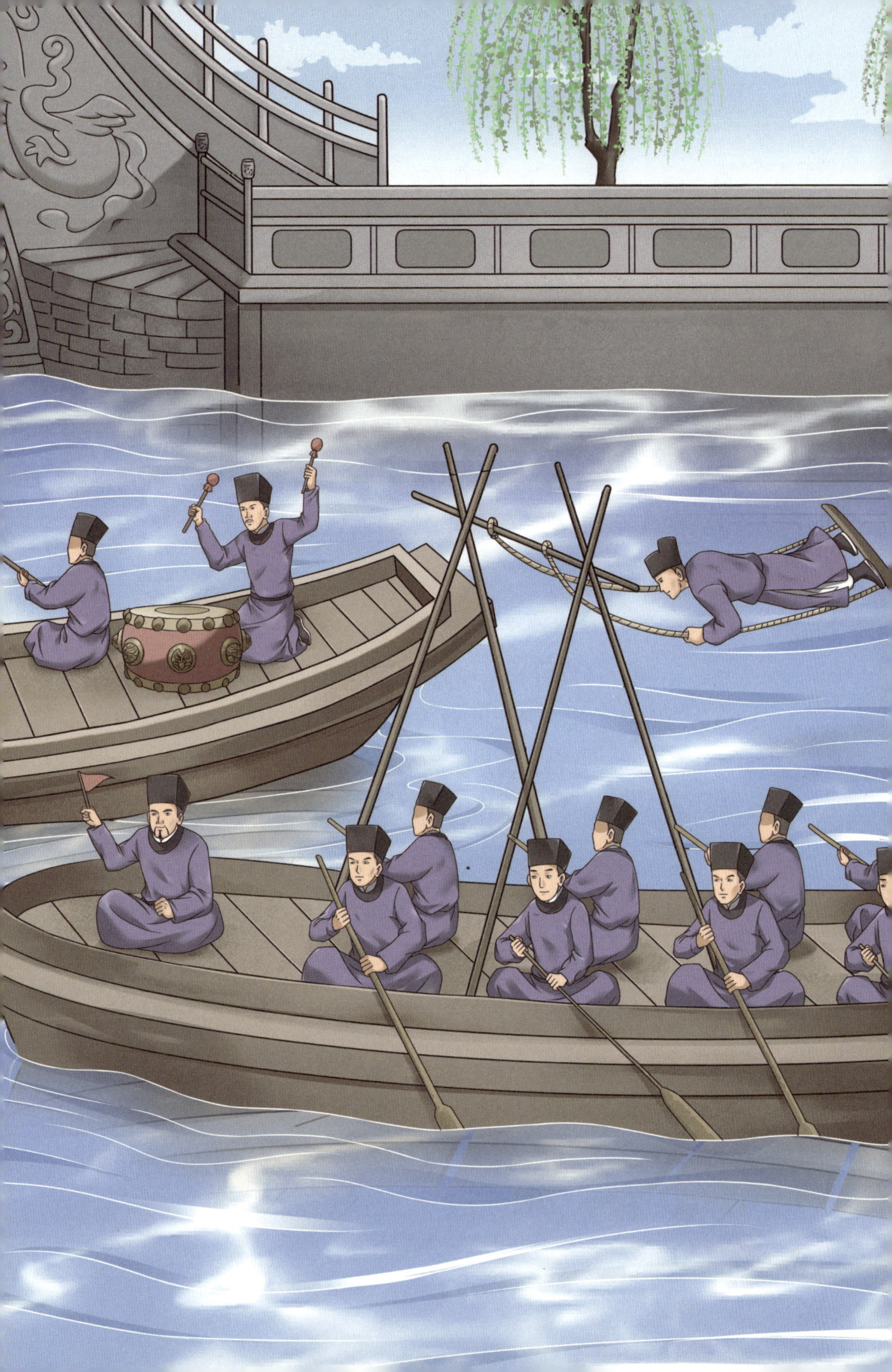

的金明池进去走一走，根据后人对历史遗迹的推算，金明池面积约有1.5平方公里，占地超过2200亩,这是一个水上乐园，可以看到水上木偶戏、花样跳水、龙舟争标。

**小Q**：感觉很热闹。

**姜sir**：金明池东岸有商家的棚子，用来租赁给游客观看水戏，也有饮食店、摆卖商品的摊位，还有文娱节目的场所。池西岸游人少一些，但可以花钱钓鱼，游客钓到鱼后还可以让商家当场制作成美食，同时也可以划船。

**小Q**：那我怎么去呢？走过去会不会很累啊，可以坐轿子吗？

**姜sir**：你说的是有几个人抬着你的轿子吗？北宋很多人认为这种行为不人道，是对人格尊严的侮辱。他们不允许自己将他人当成牲口来使用。到了南宋，坐轿子的就多了一些。

**小Q**：不坐轿子坐什么呢？

**姜sir**：我们都知道宋朝很缺马，所以能够骑马的人都不是普通人，百姓出门不想靠双腿，可以乘坐牛车，但是太慢了，所以只能靠驴了。驴不仅吃的饲料便宜一些，干活驮人也不含糊，所以驴成为最好的代步工具。诗人陆游出门只能骑驴，而像王安石这样的大官，退休之后也不能骑马，只能骑驴，同时街巷桥头的地方都有驴子出租，价格也不贵。

**小Q**：那我租了一头驴，也没有导航，我不知道路怎么办？

**姜 sir：** 指南针在宋代中期已经在民间陆续被应用起来了，还可以买地图。宋代其实已经出现了细致描绘山川、河流、村庄、府衙、旅店等具体内容的地图。

**小 Q：** 那上午玩得不错，中午吃点啥？这下总得来顿大餐吧？

**姜 sir：** 宋代的美食怎么可能让你中午没有大餐吃呢，中午吃什么？我们下节见。

## 191　小 Q 宋朝穿越记 2

各位同学，大家好，我就是那个人见人爱、花见花开、车见车爆胎的姜 sir。

大家好，我就是那个负责问问题的小 Q 同学。

**姜 sir：**上节小 Q 已经在宋朝玩了一上午了，该吃中午饭了。先别着急吃，在饭前先喝点什么吧。

**小 Q：**一般饭店都会上一壶茶水，但我想喝点别的。

**姜 sir：**宋朝人用茉莉花、桂花、梅花、荔枝、香橙、乌梅、莲子等花果制作汤品，先将花果用盐腌制后晒干，烘焙，碾成细粉，招待客人时取出一些冲泡成饮料。同时宋朝人夏天常喝"熟水"解渴。做法是先把生水多次煮沸，倒进瓶子里，然后把紫苏、丁香、桂花等香料投进瓶中，把瓶口密封好，放置几小时或几天后就可以喝了。宋朝人夏天还经常做"浆水"，将熟米饭在热着的时候倒入冷开水中浸泡几天，稍微变酸后饮用，冰镇后味道更好喝，也可以在里面加桂花、水果、蜂蜜。

**小Q：**这么多好喝的，我别喝太多，要不一会儿吃不下了。

**姜sir：**按照宋朝的规矩，正餐前要先吃开口汤，就是各种羹，有群鲜羹、豆腐羹、青虾辣羹、虾鱼肚儿羹、小鸡元鱼羹、三鲜大熬骨头羹、鸭羹、蹄子清羹、黄鱼羹。比较受欢迎的是瓠羹，瓠羹的历史非常悠久，北魏的《齐民要术》中就提到过这种羹汤的做法。"瓠"是一种类似葫芦的植物，瓠子削皮切好，熟羊肉切成薄片，拌上生姜汁，和细细的面丝一起下锅炒，然后加上盐醋葱调和成羹。

**小Q：**我感觉光吃这个，我就能吃饱。

**姜sir：**还有别的美食呢，灌肺就很好吃。猪肺洗干净，然后将核桃、杏仁、松子仁磨成的粉加上黄酒、鸡蛋、淀粉、盐等一起和成糊，然后灌到猪肺当中，最后上锅蒸熟，切成片。

**小Q：**有没有什么主食？

**姜sir：**米食以饭、粥、糕、团、粽为主，同时宋朝在唐朝不加馅儿的胡饼之上进行了改良，会在做饼的面团中夹上羊肉、油酥、椒等馅，还有花糕、蜜糕、糍糕、蜂糖糕、麦糕、豆糕、重阳糕等，河豚和东坡肉肯定也得尝一尝了。喜欢吃螃蟹的可以试试橙酿，将橙子截顶，去瓤，只留下少许汁液，再将蟹黄、蟹油、蟹肉放在橙子里，用酒、醋、水蒸熟后，用醋和盐拌着吃。

**小Q**：宋朝人这么会吃，那有蔬菜吗？荤素也得搭配一下。

**姜sir**：现在能吃到的蔬菜，比如生菜、黄瓜、冬瓜、莴苣、山药、萝卜、芹菜、芋头等，在宋朝大部分都能吃到，可就是没有辣椒、土豆、西红柿，因为它们还没有传入中国。

**小Q**：宋朝为什么美食这么多呢？

**姜sir**：宋朝是中国美食的高速发展阶段，因为美食的前提是粮食多。宋朝的农业发展到了一个新的高度，耕地面积扩大，耕作技术进步，生产工具得到了优化，蔬菜种植的面积也超过了唐朝，蔬菜品种也迅速猛增。老百姓的饮食习惯在这个时期从二餐制演变成了三餐制。

**小Q**：摆脱了饥饿才能有心思去研究发明美食。

**姜sir**：是的。同时宋朝为了解决国家庞大的财政支出，鼓励经营商业贸易。商业在宋朝得到了进一步的发展，城市中各种饭馆酒楼很多，流动的小商小贩也随处可见。有记载称："宋朝都城，正店七十二户。"这还只是宋朝顶级的酒楼，至于那些小的酒馆更是不计其数！

**小Q**：那么多酒楼，要是有外卖就更好了。

**姜sir**：宋朝有外卖，当时甚至还有外卖定时送的服务，每个月月初去饭店预订这一个月的订餐信息，留下菜谱和地

趙家綢緞

茶

址，每天定点会有伙计上门去送。例如，范仲淹常常与同僚在驿站商讨要事，他会提前在京城留下菜谱，到时间就会有饭馆的伙计来送餐。在《清明上河图》里，"外卖"行业就有所体现。画中有一家叫"十千"的店铺旁边有一个类似"外卖小哥"的伙计：穿着店里的围裙，右手拿着筷子，左手拿着两个食盒，行色匆匆地走在街上，双眼炯炯有神，好像急切地寻找着送餐地点。

小Q：那没有保温箱，饭菜不就凉了吗？

姜sir：宋代使用温盘，它可以解决运送食物过程中的保温问题。温盘是一种厚底、专门用于保温的盘子，温盘有两层，双层内中空，可以注入热水，从而起到保温的作用。起到类似作用的还包括温酒壶、温碗等，保温餐具在气温更低的北方更受欢迎。提盒则是宋朝最常用的盒子，又叫楾。早期提盒通常是用竹编制而成，主要用来运送食物，因此更加注重食盒的实用性。除了用作运输保温外，做工漂亮的食盒也能显示出主人的地位和富裕程度。食盒器形有大有小，结构复杂，通常为层式结构，由数格屉盘层叠组成，用于分隔盛放不同的食品。有时为了更好地保温，会和温盘搭配使用。

小Q：宋朝人生活得太精致了。

姜sir：宋朝的饮食做到了精致美味。制作的方法就不说了，一个菜要加多种配料，经过多道工序才能完成，还要装饰摆盘，到处都体现出雅致、美观。甚至有的美食还表达了老百姓的情绪，就是炸油条。

小Q：炸油条我吃过啊，这和百姓有啥关系？

姜sir：相传为了纪念岳飞，也为了对秦桧所作所为表示不满，当时的宋人就以一种特殊的烹调方式，将经过加工的面条捏成秦桧的样子，放入高温的油锅中炸，以此表达对奸臣的恨意。所以那个时候的油条也被称为"油炸桧"，意思是秦桧每天都在受油炸之苦，并且还被天下人所食。

小Q：中午吃饱喝足了，我下午可不想去公园了，有没有别的地方呢？

姜sir：下午我们就去购物吧，也感受一下宋朝买东西的热闹，至于买什么呢？我们下节见。

## 192 小Q宋朝穿越记3

各位同学，大家好，我就是那个人见人爱、花见花开、车见车爆胎的姜sir。

大家好，我就是那个负责问问题的小Q同学。

**姜sir**：上节小Q在宋朝吃了顿丰盛的午餐，决定下午要去逛街购物，那就去大相国寺走一走。

**小Q**：我是去购物，怎么还去寺庙了？

**姜sir**：大相国寺，建于六朝时期。宋朝时，由于皇帝崇尚佛教，大相国寺成了一家皇家寺院，同时大相国寺也是开封城最大的商业交易中心，几乎什么货物都可以在这里买到。每月除了初一、十五以及有八的日子开业外，其余时间都是不营业的。

**小Q**：有八的日子，就是农历的初八、十八、二十八，也就是每月营业五天。

**姜 sir**：也有的版本说是一个月营业八天。大相国寺在北宋时处于鼎盛时期，占地面积达540亩。大相国寺位于汴京内城的南部，当时最繁华的区域，又在汴河北岸，寺前门有一重要码头，交通便利，再加上场地宽敞，正是得天独厚的中心市场的最佳选址。

**小 Q**：那都能买到什么呢？

**姜 sir**：市场从寺院的大门前就开始了，在这里销售的是飞禽、猫、狗之类的活物，相当于一个宠物市场。第二、三道门买卖的都是日用百货，百姓们可以在这里买到洗漱用品、瓜果蔬菜，甚至是弓箭，绝对满足各种需求。再往里走，靠近佛殿是个文化市场，笔墨纸砚这些都可以买到。佛殿后面是文人爱去的地方，出售的是书籍、古玩、字画以及各地的土特产、香料药材。再往后有占卜、算卦的摊位。

**小 Q**：李清照会不会喜欢来这里买文物？

**姜 sir**：李清照与赵明诚结婚后经常跑到大相国寺买东西，这里真的能买到许多好东西。苏轼去世后20年，他流放海南时的行书手迹就出现在了大相国寺的书画摊上。有人还在这里买到了王维的亲笔画。当然，也能买到不好的东西，欧阳修就曾经在这里买到过又贵又不好用的毛笔。所以在大相国寺还是得自己认真挑选。

**小Q**：一般这种购物的地方，容易走着走着就饿了，有卖小吃的地方吗？

**姜sir**：大相国寺里还真有吃饭的地儿，同时大相国寺僧人的厨艺也非常高超。宋人张舜民在其所著的《画墁录》中一开始就提到了相国寺"烧朱院"，大概是讲旧日有僧惠明善庖，炙猪肉尤佳。北宋文学家杨大年经常呼朋引伴来吃这口，就对着大和尚说："你一个僧人烧猪肉，客人们天天喊未免名声不咋地。"于是就选用了谐音烧朱院！

**小Q**：下午逛完大相国寺，得赶紧回家，我听说古代晚上不让出门的。

**姜sir**：你说的叫宵禁制度，夜间不允许百姓出门行走，在古代通信、照明不方便的时候，宵禁成为城市管理的方法，用来维护治安。很多电影中巡夜的士卒，还有"天干物燥，小心火烛"的打更人是真实存在的。宵禁制度的起源最早可追溯到周朝，即使后来到了自由开放的盛唐，对于宵禁也没有丝毫放松，反而更加严格。只有全国性的大节日，因为燃放花灯，允许百姓外出。宵禁制度被放松是在晚唐和五代十国时期，而到了宋朝初期，从晚上11点钟开始宵禁，凌晨3点结束，时间只有4个小时。

**小Q**：到11点足够玩了，也该睡觉了。

**姜sir**：到北宋后期至南宋时期，即使宵禁制度仍然保留，

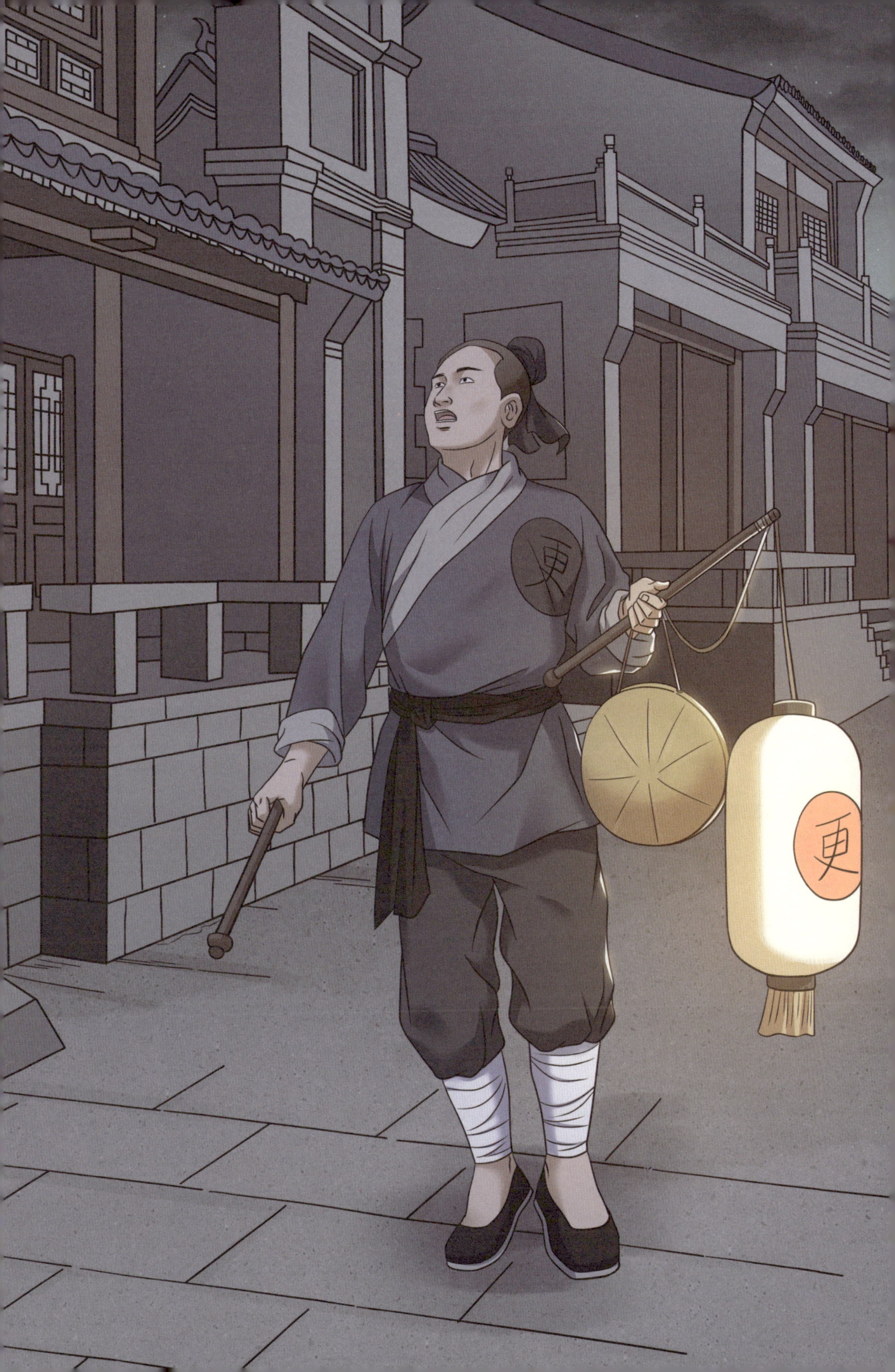
更
更

也松弛下来，甚至名存实亡。市民的夜生活不再受限制，城市出现了繁华的夜市。

**小Q：**夜市是不是也有很多地道的小吃？

**姜sir：**宋朝的路边摊是非常火的，摊贩们各自推着小推车在路边叫卖，这种形式被称为"浮铺"。说到叫卖，这也大有学问，既要押韵，又要让百姓明白你卖的是什么，这才能吸引顾客，"京师凡卖一物，必有声韵，其吟哦俱不同"。宋朝的吆喝声，让你仿佛来到了音乐节，小商贩们使唱腔来叫卖，吆喝出来如同唱歌。比如《水浒传》里的吆喝广告就很多，在"智取生辰纲"里，白胜挑着一副担桶，在黄泥冈卖掺有"蒙汗药"的白酒，唱道："赤日炎炎似火烧，野田禾稻半枯焦。农夫心内如汤煮，公子王孙把扇摇。"引诱又热又渴的杨志和军士们喝酒上当。夜市的小吃有荤有素，如羊油煎的韭菜饼、拌凉皮、罐肺肠、糟羊蹄、姜汁虾、炒腊肉以及冰镇果汁等，便宜不贵很实惠。

**小Q：**那也不能光吃啊，就没点娱乐活动吗？

**姜sir：**那必须去勾栏瓦舍里了，那可是宋朝城市的娱乐中心，白天晚上都表演杂剧、滑稽戏、歌舞、傀儡戏、皮影戏、魔术、杂技、蹴鞠、相扑等娱乐节目，但是要收门票的。小Q，你宋朝的吃喝玩乐穿越结束了。

**小Q：**没有结束呢，还没到一天呢。晚上我还得住一晚上才算一天。

姜sir：那就体验一下宋朝的住宿。宋朝时开始出现住宿登记制度，跟现在的身份证登记一个意思，需要妥善保存作为备案，定期交给官方查验。住宿也分等级。馆比较高档，是专门用来接待贵宾的，这类都是官办。而寓、舍这类旅馆则主要为普通商旅服务，房间的档次也有所差别，宋朝的豪华间被称作"头房"。那个时代的人在旅店，没有手机，没有电视，没有互联网，如果有想说的话、想倾诉的感情怎么办呢？唐宋时代流行的方式是在旅店的墙壁上留言——通常都是以诗歌的形式，有些驿站还专门设置有一些"诗板"，专供旅人题诗。

小Q：估计我还能在旅店中看到一些著名文人的作品。

姜sir：咱们的宋朝穿越旅行马上就要结束了。在这段快乐的时光里，我们感受到了宋朝的魅力。也要和宋朝说再见了，元朝已经到来，这个新的时期会发生什么呢？我们下节见。

第 15 章

水土不服的元朝

## 193　在元朝你是几等人？

姜 sir：各位同学，大家好，我就是那个人见人爱、花见花开、车见车爆胎的姜 sir。

小 Q：大家好，我就是那个负责问问题的小 Q 同学。

**姜 sir**：宋朝结束了，元朝建立了。元朝是中国古代历史上由北方草原游牧民族建立的王朝，统治者是蒙古族。但草原文明与中原的农耕文明在很多方面是不同的，所以元朝统一中国后面临的一个问题就是民族融合。而元朝引起后世争议的就有"四等人制"。

**小 Q**：把人分成四等，这不公平，我们现在都提倡人人平等。

**姜 sir**：我们先看一下四等人制的具体说法：第一等是蒙古人，主要目的是突出蒙古人的统治地位，通过加强蒙古人的社会地位，确保蒙古人能够享受更多的特权；第二等是色目人，包括西域各族，西夏人以及中亚、东欧来到中国的一部分人，由于他们归附蒙古国比较早，对元朝的统治有一定的贡献，并且与蒙古族在民族习惯上有一定的共同点。因此，这一部分人被划分为第二等人。

**小Q**：蒙古人地位高也就算了，毕竟天下是他们的，但剩下的还分先后，就不公平了。

**姜sir**：第三等是汉人，是指原来金朝统治下的各族人民，包括契丹、女真、高丽等；第四等是南人，专指原来南宋统治下的汉人和其他各族人民，社会地位最低。

**小Q**：这不就是按照征服的先后顺序排的吗？最后打下来的地位最低，先打下来的地位就高。

**姜sir**：是的，四等人制简单理解就是先一步征服的地区更早地被纳入了统治，所以更容易得到信任，地位就高一些。但其实四等人制并不是元朝时候写在法律条文里的制度，这个制度并未出现在元朝任何记载当中，最早的关于四等人的文字记载来自清朝末期。

**小Q**：难道这个是后人造谣的？

**姜sir**：准确地说，在元朝，这种民族不平等的事情是的确存在的，但当时没有划分得这么清楚，四等人制其实是后人对元朝当时社会状况的一种总结。但是这种不公平也反映在一系列不平等的政策和规定中。在元朝统治下，不同的民族在很多场合有不同的待遇，这种差别对待的情况一再出现，就被后人概括成为"四等人制"。

**小Q**：那这些不公平的对待都体现在哪些方面呢？

**姜 sir**：比如在当时的刑法上，蒙古人是享有特权的，最明显的一条就是如果蒙古人杀死一个比他等级低的人，惩罚只是打57杖，但其他级别的人如果杀死蒙古人会直接处以死刑。

**小Q**：这明显不利于统治，为什么会制定这样的政策呢？

**姜 sir**：有的专家认为是根据归顺蒙古的先后顺序决定的，有的专家认为是想借此达到互相牵制的目的，借色目人之手来打压汉人。但总之，元朝的这种民族不平等就是存在的，其中很多制度也是从辽国、金国学来的。

**小Q**：辽和金的时候就有类似这种的吗？

**姜 sir**：在辽国统治的时候，就对统治的民族实行南北分治。女真族建立金朝后，把全国民族分为四等。在兵权、财权上的用人次序为"先女真，次渤海，次契丹，次汉儿"。

**小Q**：但这种不公平的对待，肯定会让大量的汉族人不满，这不利于统治的。

**姜 sir**：古代传统的华夏文化圈，认为中原文化是中心，周边的文化、种族都是蛮夷。作为原先的少数民族，蒙古人

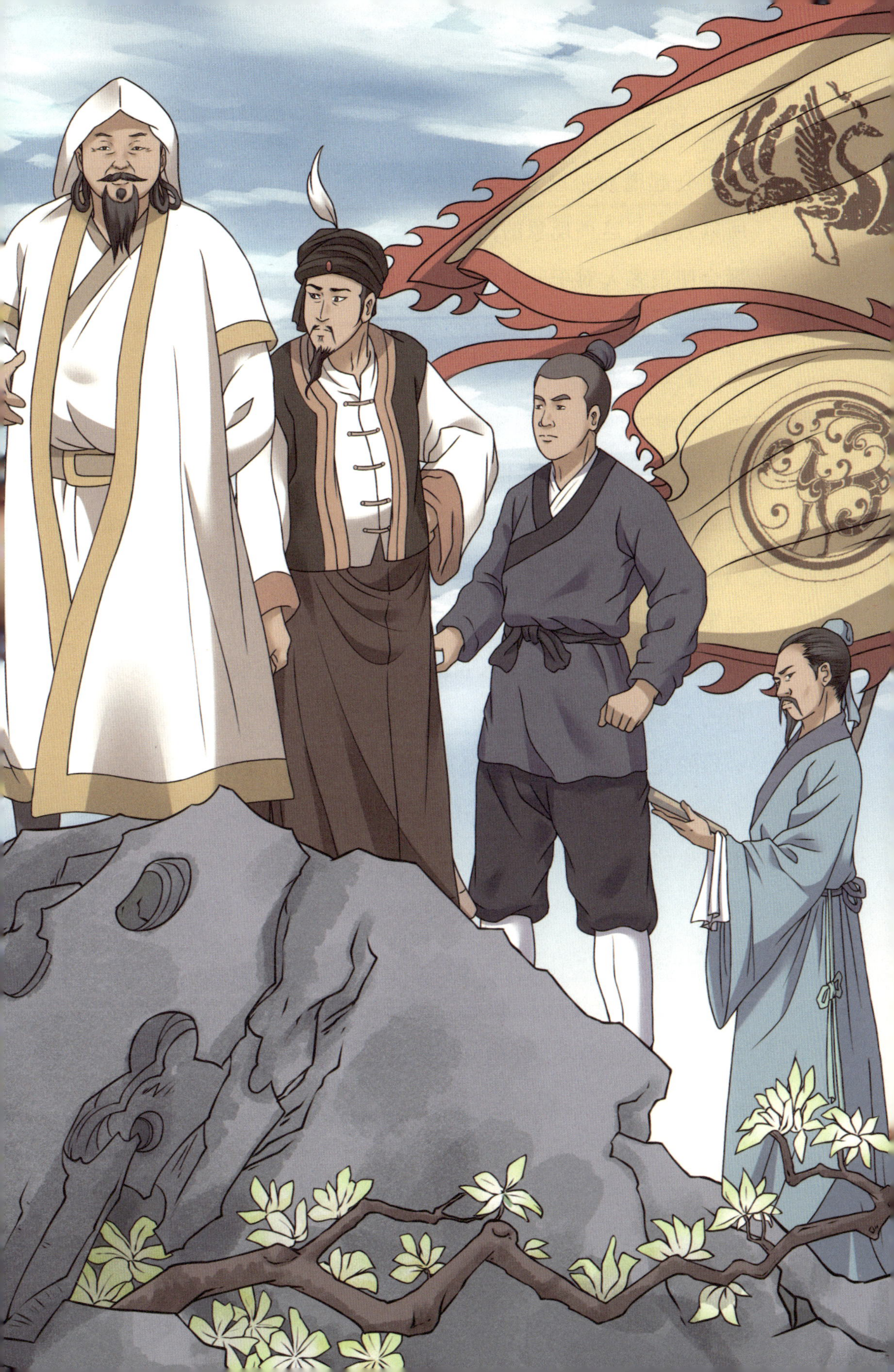

在建立起庞大帝国之后，自然是不允许自己的文化被看轻，所以就有了这种现象的出现，但是这种不公平的民族等级制度会使很多人对于元朝的统治心生厌恶，使各民族、各地区之间的矛盾加剧，社会动荡，给元朝的统治带来不利的影响。

**小Q：** 元朝的皇帝是不是特别相信自己骑兵的强大，所以不在乎这种不满？

**姜sir：** 蒙古骑兵也不是永远不会失败的，灭掉南宋后，忽必烈继续四处打。打日本，元军在漂洋过海的时候遭遇飓风，没打过去；打越南，对方钻进山林，搞游击战，天气又炎热，元军狼狈不堪；打缅甸、打爪哇，都是一样的结局。对外战争不顺利，导致耗费了大量的钱财，可是钱从哪儿来？这时候的元朝大臣分为了"儒臣派"和"理财派"。儒臣派以忽必烈的儿子为首，成员多是儒生出身的汉臣，他们强调节省，希望通过减少战争来节约开支。理财派以蒙古人、色目人为主，他们强调压榨，汉人藏有大量财富，最直接的就是增加税收。

**小Q：** 要是听儒臣派的，老百姓还能过得好点。

**姜sir：** 忽必烈去世后，元朝的第二位皇帝还真的强调了节省，他是谁呢？元朝的皇位继承有多乱呢？我们下节见。

## 194 元朝也有仁宗

**姜 sir**：各位同学，大家好，我就是那个人见人爱、花见花开、车见车爆胎的姜 sir。

**小 Q**：大家好，我就是那个负责问问题的小 Q 同学。

**姜 sir**：很多同学都知道中国皇位"父传子，家天下"的传接模式。所以不管外人有多高的才干、多大的声望，也休想参与进来。当然，如果有足够强的武力，还是可以来拼一拼的。

**小 Q**：这个太难了，得起义，还不能失败。

**姜 sir**："父传子，家天下"的制度在各个朝代基本上是脉络清晰的。可是元朝却与众不同，那是相当乱。元朝从忽必烈 1279 年消灭南宋最后的势力统一中国算起，到 1368 年元惠宗逃亡漠北，中间有 90 年，除去在位时间长的忽必烈和

1171

元惠宗，40年先后有9位元朝皇帝即位，平均在位时间四年。

**小Q**：平均四年就换一个皇帝，那是够乱的。

**姜sir**：元朝一直没有建立起自己稳定的继承人制度。按照蒙古族的惯例，大汗死后，继位者必须经过贵族大臣参加大会推举和确定，同时遵行的还有"幼子守灶"的传统，即父辈的故土财产须由小儿子继承。

**小Q**：为什么给小儿子呢？

**姜sir**：其实"幼子守灶"的传统很古老，在原始部落时期，人们的生产力低下，但是人口是持续上升的。所以，当一个儿子成年了，就会从父母的家里分得一部分财产独立出去，建立自己的小家。但是当父母年老后，必须有人照顾父母，这时候前边的儿子都已经分家出去了，照顾父母的任务就落在了小儿子肩上。与之对应的是，父母留下的所有财产，而且这些财产一般也会比分给其他儿子的要多，这些都留给小儿子，也算作补偿。元朝统一天下后，又受到了汉族嫡长子继承制的影响。所以到底应该给谁变得不确定，导致一直很乱。

**小Q**：内部很乱，又有民族不平等制度，元朝肯定长久不了。

**姜sir**：忽必烈本身是要传给儿子的，但太子去世了，他没有改立其他儿子做太子，而是传给了孙子铁穆耳，也就是后来的元成宗。元成宗即位之后，立即停止了和日本、越南等国的战争，还制定了一系列利国利民的政策，极大地缓和了元朝的社会矛盾。

**小 Q**：这位的治国水平还是不错的。

**姜 sir**：铁穆耳只做了 14 年皇帝就去世了。而他唯一的儿子早就去世了，所以没有后人有资格继承皇位，只能从铁穆耳两个哥哥的后代里去找继承人。元成宗本身是想传给他的侄子海山，但元成宗的皇后却反对，在元成宗去世后就把皇帝的弟弟阿难答叫到了京城，想让阿难答继承皇位。而这个阿难答一旦继承了皇位，影响可就太大了。

**小 Q**：为什么影响大呢？不就是贵族对皇位的争夺吗？

**姜 sir**：在中国历史上，我们虽然有宗教，但宗教却没有处于绝对的领导地位。唐宋时期开始，儒家思想占据绝对的领导地位，佛教和道教同时也起到一些作用。蒙古汗国建立以前，草原各部落大多信仰萨满教，这是一种原始宗教。随着蒙古汗国版图的不断扩大，蒙古人接触到了各种不同的宗教，他们并不拒绝，而是以一种开放的心态积极吸收其他的宗教文化，比如佛、道、伊斯兰教等宗教。一些最早投靠蒙古人的穆斯林，在帮助蒙古人统一中国的过程中起了巨大的作用，于是穆斯林成为元代统治阶级的一员。

阿难答大力推广伊斯兰教的这种做法，在元成宗活着的

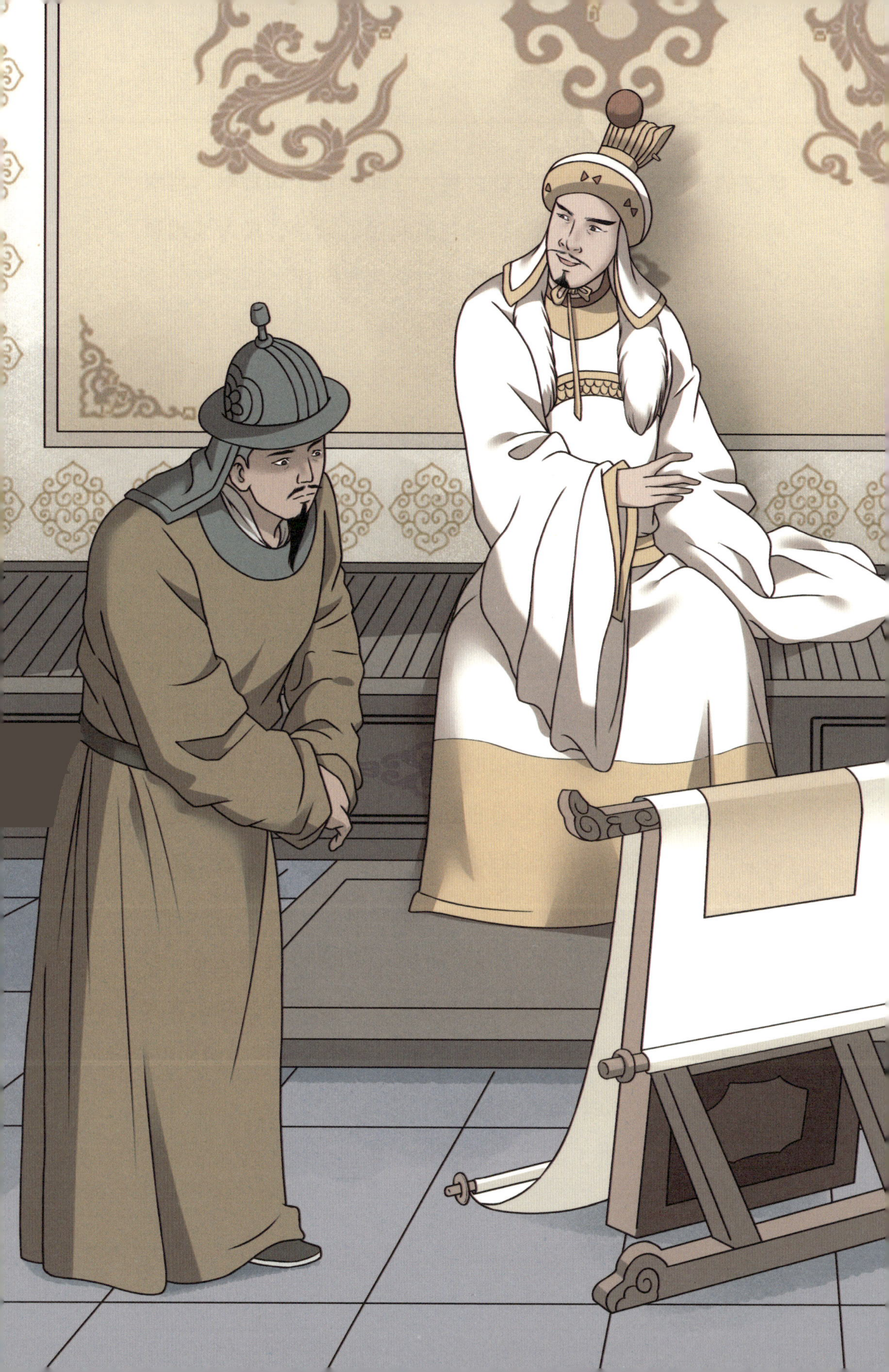

时候就不太赞成，现在皇后想让阿难答当皇帝，于是元朝就爆发了"大都之变"，海山的兄弟爱育黎拔力八达发动政变，杀死了阿难答，于是海山继位，也就是元武宗。元武宗在位只有5年时间，去世的时候才30岁。在他去世前太子只有10岁，所以元武宗在临终前和弟弟爱育黎拔力八达约定，由爱育黎拔力八达先继位，下一任再传给自己儿子。

小Q：就是先给弟弟，弟弟死了再还给自己儿子，真够乱的。

姜sir：元武宗的弟弟继位了，就是元仁宗。

小Q：宋朝有个宋仁宗，那元仁宗也是个好皇帝吗？

姜sir：在元朝历代皇帝中，元仁宗是一位非常有文化底蕴、有作为的皇帝。元仁宗恢复了科举考试，因为是在延祐年间举行的，史称"延祐复科"。

小Q：元朝的科举考什么？不会是蒙古文化吧？

姜sir：忽必烈建立元朝后，曾下令征集汉族人中的知识分子，并对这些人委以重任，但是整个朝廷重用的还是蒙古人和色目人。所以即使有人提议要恢复科举，也遭到了反对。有大臣认为南宋和金朝的灭亡原因就在于科举出身的官员空谈误国，因此大家都对科举出身者持鄙夷的态度，同时一旦恢复科举，势必影响他们依靠承袭、恩荫补充官员队伍的特权，侵犯到他们的利益。但是这种要恢复科举的声音一直没有停止，直到元仁宗继位。元仁宗是一个特别喜欢汉族文化的皇帝，元仁宗当时就主持了一场是否恢复科举的辩论。

**小Q**：肯定是同意恢复的赢了。

**姜sir**：不但赢了，还提倡修改唐宋时期科举的考试内容，提出了以程朱理学为主的建议，元仁宗同意了。

**小Q**：程朱理学的朱就是朱熹，程就是北宋程颢、程颐二兄弟吧？

**姜sir**：是的。这次恢复科举，指定朱熹集注的《四书》为所有参试者的标准考试用书，以朱熹和其他宋儒注释的《五经》作为汉人参试者增加科目的标准用书。这个新制度的实行，确定了理学在学说中的正统地位，被后来的明清两代沿用下来，也奠定了程朱理学长达三朝六百余年的官方地位。整个元朝，共开科举16次，录取两榜状元32人，考中进士共计1139人。通过元朝进士的人数可以看出，元朝在严格控制进士的数量，就算恢复了科举考试，对享有特权的贵族阶层也没有造成影响。但元代科举的考题不死抠书本，形式比较灵活，要求考生在答题过程中"不拘格律""务直述"，这样就为考生拓展思路、展示个人才华提供了空间。

**小Q**：元仁宗真是做了一件大好事。

**姜sir**：元朝的科举也让很多读书人有了进入官场的机会。元仁宗不仅仅恢复了科举，还做了哪些事情呢？我们下节见。

## 195　跌宕起伏的皇位继承

各位同学,大家好,我就是那个人见人爱、花见花开、车见车爆胎的姜 sir。

大家好,我就是那个负责问问题的小 Q 同学。

姜 sir：上节我们说到元仁宗恢复了科举考试,并且把儒家学说作为筛选人才的标准,给汉族的知识分子做官提供了一条道路。此外,元仁宗还鼓励蒙古人和色目人学习汉族文化。

小 Q：这元仁宗果然对得起这个"仁"字。

姜 sir：元仁宗还下令翻译大量汉族的书籍,翻译成蒙古文,有儒家的《尚书》《大学衍义》《贞观政要》《资治通鉴》《孝经》《列女传》等,他希望蒙古族能够学习儒家的政治学说和汉人的历史经验。

小 Q：历史上对元仁宗的评价应该很高。

姜 sir：是的。但元仁宗在位仅仅 10 年，35 岁就去世了。

小 Q：按照约定，他应该把皇位传给他侄子吧，毕竟当年答应他哥哥的。

姜 sir：元仁宗没有遵守约定，而是传给了自己的儿子元英宗。元英宗登基之后，继续推行他父亲的改革，并实施了一些新政，史称"至治改革"。继续推行"以儒治国"的策略，将大量的汉族官僚和士人召入朝廷，帮助自己治理国家。当时一系列的改革都取得了不错的效果，但历史上任何的改革肯定会触及一些贵族的利益。于是，一场密谋杀害元英宗的行动，便在暗中开始筹划。

小 Q：还敢杀皇帝？

姜 sir：元英宗被杀的时候才 20 岁，距他推行新政还不到 1 年时间。当时元英宗从上都回返大都，当晚住宿在上都以南 30 里的南坡店，一批对元英宗心怀怨恨的贵族发动政变，史称"南坡之变"。此次政变的领军人物就是当时的御史大夫铁失，他是元英宗皇后的哥哥。元英宗对铁失十分喜爱，而且信任，有任何的事情都交由他去置办，官职也给他不断地提高。

小 Q：那他为什么会发动政变呢？

姜 sir：铁失还有另一个身份，那就是前右丞相铁木迭儿的干儿子。铁木迭儿可以说是能够把持朝廷的人，手里权力较大。元英宗即位之后，便把铁木迭儿集团铲除掉了。铁失其实也可以称得上是这个集团的一分子，但却躲了过去，但铁失内心非常慌乱，他不知道在皇帝心中，他究竟还算不算是一个乱臣贼子，而又能不能成为一个优秀的大臣。最终他发动了这场政变。

**小Q：** 我有个问题，从上都返回大都。这怎么两个都城呢？

**姜sir：** 元朝的都城是随着时间变化的，甚至达到一种共存的局面。元大都就是现在的北京，意思就是天下最大的都城。北京一开始称为元中都，之后又在1272年被称为元大都。1260年，忽必烈在今天的内蒙古锡林郭勒盟正蓝旗东的开平称帝，1263年就将此地命为元上都。每年四月，皇帝便去元上都，九月天凉再回到元大都。

**小Q：** 不错，还能起到避暑的作用。

**姜sir：** "南坡之变"后，元朝的政局陷入极大的混乱之中，接下来短短10年间就换了6个皇帝。

**小Q：** 10年换6个，这也太能折腾了。

**姜sir：** 元英宗被杀后，泰定帝成了下一任皇帝，长期在上都办公，而大都的人都不认可他。因此他在位仅仅6年时间，就去世了，年仅52岁。泰定帝去世时，他儿子只有8岁，即天顺帝。大都的大臣们想让元武宗的儿子继位，于是上都和大都之间爆发了一场大战，战争结果是大都取得了胜利，1328年10月16日元文宗当上了皇帝，其实本来皇位就是他们家的，因为他爸爸是元武宗，他叔叔是元仁宗。这里要插播一条消息，在元文宗即位的5天后，也就是1328年10月21日，一个小婴儿出生了，他叫朱重八。

**小Q**：感觉是个厉害的人物。

**姜sir**：元文宗当皇帝前说过："我大哥应该当皇帝，我是替他当的。"于是大家一商量："您当年说的，您大哥是皇帝，现在把他叫回来吧。"元文宗只能派人去迎接大哥回家来登基。他大哥也有点怀疑："皇位还能真给我吗？"可没想到一路之上，自己特别受欢迎。很多大臣大声地喊："我们的皇帝真要从北方回来啊。"自己一看，就着急提前宣布自己登基，可弟弟那面还没退位呢，这面已经登基当皇帝了，就是元明宗。

**小Q**：这不相当于同时有俩皇帝了。

**姜sir**：当上皇帝的元明宗马上就变样了，对弟弟各种指导，还要立刻马上更换官员，把自己原来的手下都调过来。

**小Q**：我咋有种不祥的预感呢。

**姜sir**：元明宗就当了8个月皇帝，史书上写的是暴病身亡。然后弟弟元文宗又恢复了皇位。

**小Q**：这时间也太短了吧，是元朝当皇帝时间最短的皇帝吗？

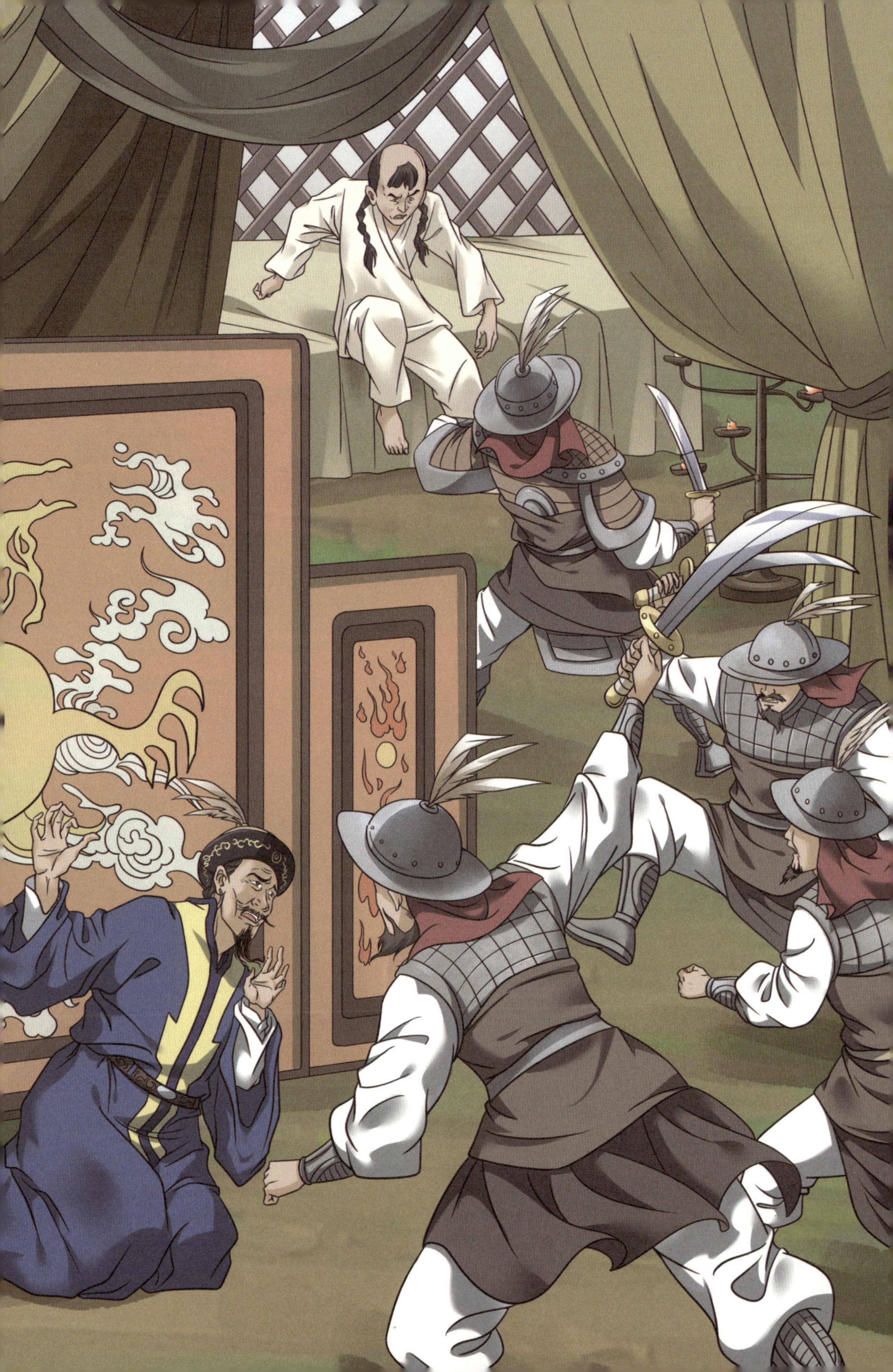

**姜 sir**：不是，下一个更短。元文宗去世后将皇位传给自己哥哥的儿子，就是元宁宗，可惜在位才 53 天就去世了，年仅 6 岁。

**小 Q**：元文宗为什么不给自己的儿子，要给他哥哥的儿子呢？

**姜 sir**：这就有各种传言了，首先元明宗的死因就有一个传言，说是元文宗杀害的。所以围绕这个传言，各种版本的民间传说都来了——鬼神、因果报应等各种各样的版本都有。但元明宗还有一个儿子，所以皇位就到了他这儿，也就是元朝的最后一位皇帝元顺帝。元朝到了他这儿，也就要结束了，元朝是怎么结束的呢？我们下节见。

## 196 石人一只眼

各位同学，大家好，我就是那个人见人爱、花见花开、车见车爆胎的姜 sir。

大家好，我就是那个负责问问题的小 Q 同学。

**姜 sir**：上节我们说到了元朝在皇位继承上的折腾，而皇位也传到了最后一个皇帝元顺帝。元顺帝登基之后，面临的第一个大难题就是天灾——黄河泛滥。

**小 Q**：黄河在历史上发洪水的次数很多，为什么还被称为母亲河呢？

**姜 sir**：黄河是中华文明的源头。黄河岸边万物生，古代的黄河，河面宽阔，水流清澈，再加上黄河流域气候温和，有利于农作物生长，我们的祖先们便定居在这里。

**小 Q**：那为什么要叫黄河呢？

**姜 sir**：早在春秋时期，民间用"河"称呼黄河。到了战国，受自然环境变化的影响，黄河水开始变混浊；到了两汉，黄河的混浊已经深入人心，人们用"浊河"称呼黄河,《汉书·地理志》中首次出现了"黄河"一词。直到唐宋，"黄河"这个称呼被广泛使用。黄河流域是中国发现古人类最多的地方，同时夏、商、周三代以及后来的汉、隋、唐、北宋等几个朝代的核心地区也都在黄河中下游一带，很多古代经典文化书籍、科学技术、发明创造、城市建设等都在这里产生。所以人们常说黄河是中华民族的摇篮，是中华民族的母亲河。

**小 Q**：那母亲河发洪水了，元顺帝不会不管吧？

**姜 sir**：1334年，长期连续性下大雨，导致黄河河水暴涨，再加上当时地壳运动频繁，使得黄河开始任意改道。黄河改道冲破河堤淹死了很多人，几十万百姓沦为难民。在元朝著名宰相脱脱帖木儿的主张下，元朝开始了大规模治理黄河的工作。

**小 Q**：这应该是个大工程。

**姜 sir**：当时有大臣就反对治理黄河，说从国家的角度去看，国家府库现在非常空虚，没有那么多钱，民众还需要休养生息。如果这个时候治理黄河，这么巨大的工程，恐怕是治好了黄河，反而可能带来更可怕的国家动乱。但脱脱帖木儿认为，现在国家遇到的最大难题是黄河带来的饥民、流民问题，不治黄河，就不能从根本上解决这个问题。

**小Q**：治理黄河需要耗费大量的人力、财力，元朝有这个实力吗？

**姜sir**：当时元朝强征15万民工参加治河工程。地方各级官员却对民工残酷压迫，治理黄河需要大量的钱，只能从老百姓那儿去压榨，老百姓手里的钱压榨完还不够，那就开始自己造钱，印发新钞"至正交钞"，引发通货膨胀。

**小Q**：什么叫通货膨胀？

**姜sir**：举个例子，一个小国家里有100个老百姓，每人拥有10块钱，这样的话，国家的总财富就是1000块钱，同时这个国还有1000件商品，于是每件商品的平均价格就是1块钱，每个老百姓用自己的10块钱可以购买10件商品。后来随着这个国家劳动水平的提升，原来能生产1000件商品，变成了能生产2000件商品，社会财富不断增加。此时国王就多印刷了3000块钱，这样整个国家就拥有4000块钱，而商品总数为2000件，于是每件商品的价格变成了2块钱，这个过程就是通货膨胀。

**小Q**：通货膨胀没有问题啊，东西涨价了，但手里的钱也多了。

**姜sir**：适当的通货膨胀是没问题的，但如果这个国家的国王一次性多印刷了100万块钱呢，而这些钱大部分并没有平均给到老百姓呢？

小Q：那就出大事了，物价得飞速增长。

姜sir：元朝就是滥发纸币，大量印刷钱。钱虽多了，可社会上的东西还是那么多啊。

小Q：元朝竟然用的是纸币？

姜sir：中国其他朝代更多的是以金、银、铜等金属货币作为国家主要流通的货币，而元朝却是自始至终都以纸币作为通行货币，只有在后期才少量发行了部分铜钱，作为辅助货币。从蒙古帝国建立开始，就不停地发动战争，而打仗是需要钱的，就是军费。1287年元朝一年的军费，几乎相当于唐朝最鼎盛时期税收的10倍。于是元朝只能通过滥发纸币来解决钱的问题，导致了钱不再值钱。

小Q：那物价肯定涨了吧？

姜sir：据统计，元朝当时的物价在彻底征服南宋后仅仅3年，已经上涨了10倍。当时元朝的主要税收来源，是盐税。

小Q：啊？吃盐还得交税。

姜sir：元朝还有"食盐法"，盐是必需品，人人都得吃，但盐的价格却不停地涨，还得交高额的税。米价相比元朝刚刚征服南宋初期，更是上涨了六七万倍。

小Q：六七万倍，我的天啊！

姜sir：当时民间交易买个小东西，必须用车子推着一堆

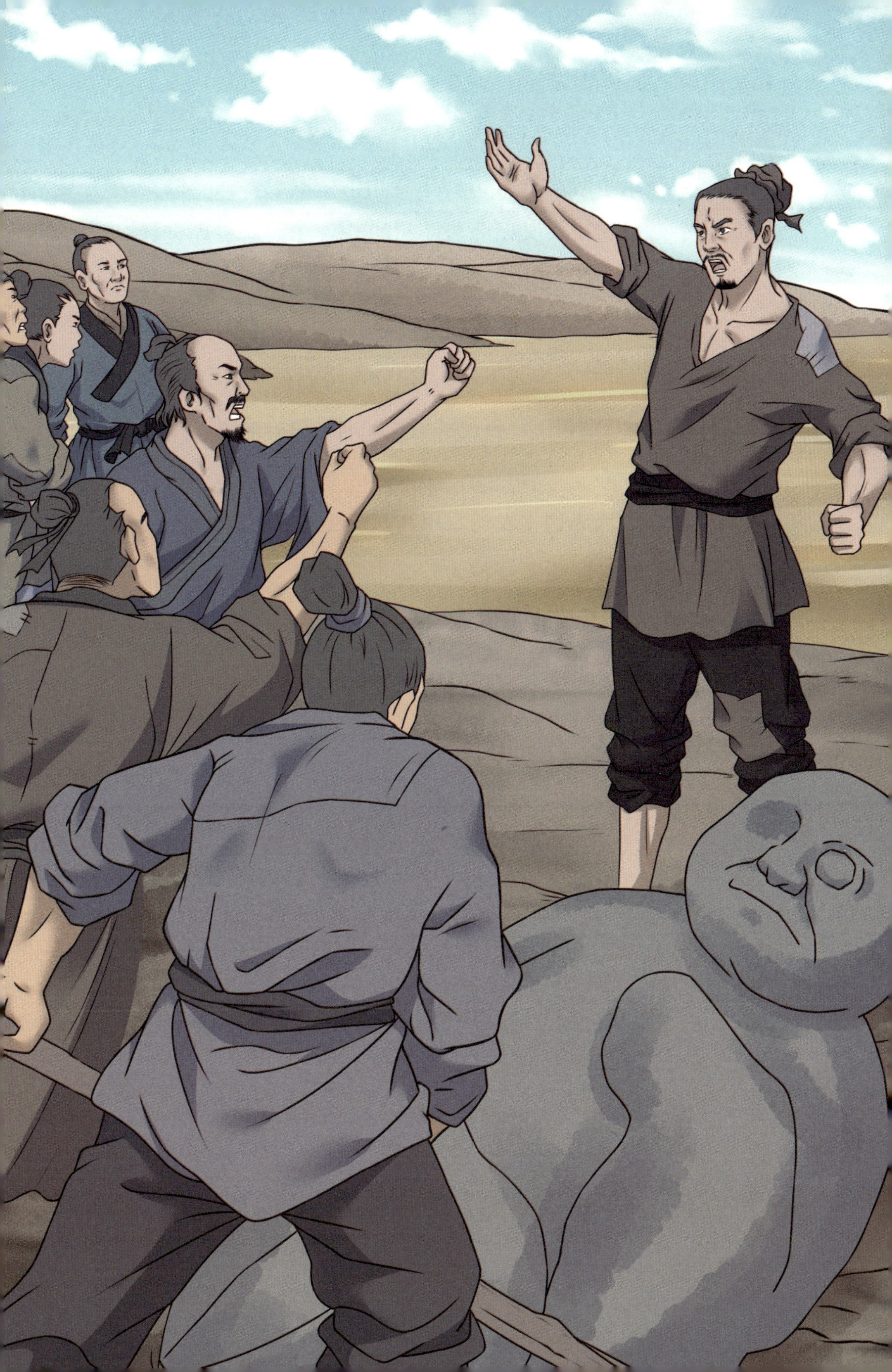

纸币去买。当时治理黄河的工程历时 190 天，就全线完工。成功了，但农民起义已经势不可当，就在治河工程进行时，韩山童等人到处散播"石人一只眼,挑动黄河天下反"的民谣，在河道中埋下了一个独眼石人，并且在其背后刻上"莫道石人一只眼，此物一出天下反"，1351 年 4 月的一天，民工挖出了石人，于是韩山童趁机鼓动造反，河工纷纷响应。

小 Q：怎么感觉和陈胜吴广起义很像呢？

姜 sir：因为这支农民军用红布裹头，以红旗为号，所以这场元末的农民起义被称为"红巾军起义"。那么元朝会何去何从呢？曾经强大的蒙古骑兵还能否拯救元朝呢？我们下节见。

# 197 元末农民起义

姜 sir：各位同学,大家好,我就是那个人见人爱、花见花开、车见车爆胎的姜 sir。

小 Q：大家好,我就是那个负责问问题的小 Q 同学。

姜 sir：农民起义在历史上发生过许多次。早期的陈胜吴广起义，唐朝的黄巢起义，还有因为《水浒传》而家喻户晓的宋江起义，历史上起义的数量虽然多，但取得最终胜利的并不多。

小 Q：这是为什么呢？

姜 sir：有一句话叫"宁为太平犬，莫作乱离人"，意思是太平盛世，连一条狗都有着做狗的尊严；而乱世，人有时候活得还不如一条狗。不逼到极致，没有人愿意玩命造反，所以很多起义军，很难获得地主富人这种阶层的支持去对抗国家。

**小Q**：也是，毕竟这群人的生活不会受到太大的影响。

**姜sir**：还有起义军，大都是走一步算一步，没有长远规划。最主要的就是随着起义的进行，起义军首领的身份就变了，原来大家都活不下去，所以大家都支持你，起义的规模会越来越大。而随着人数越来越多、地盘越来越大，首领们不贫穷了，得到满足了，于是有的就开始享受，有的就开始争夺权力。不要忘了，起义面对的可是强大的国家。

**小Q**：毕竟国家正规军的战斗力是很强大的，我觉得元朝这次的农民起义也会被镇压吧？

**姜sir**：从元朝建立那天起，到元朝灭亡，基本上起义就没停过。在忽必烈统治时期，由于南宋刚刚被灭，南方人民的起义往往带有想恢复宋朝的想法，这时期的起义主要是反对民族的不平等。次数特别多，但规模都不大，也都被元朝镇压下去了。1341年，山东、河北的农民起义达三百多起。而元朝末期修黄河和大量印纸币，成为农民起义大规模爆发的导火索。

**小Q**：元朝也够累的，一直忙着平定叛乱。

**姜sir**：元朝末期的农民起义，是通过宗教把农民组织起来的。当时利用的宗教主要是白莲教和弥勒教。在当时黑暗的社会统治下，宗教给了这些农民希望，红巾军起义首领韩山童就来自白莲教。除了红巾军，还有张士诚领导的队伍，也有很大的势力，《水浒传》的作者施耐庵和《三国演义》的作者罗贯中都曾经在张士诚手下效力。红巾军后来被陈友谅控制，这也是农民起义的重要人物。除此之外，还有一个重要人物，朱元璋。

**小Q：** 横扫欧亚大陆的蒙古骑兵呢？

**姜sir：** 这就要提到高邮之战。1353年，张士诚拒绝了元朝的招安，在高邮，就是现在的扬州附近自称"诚王"，国号"大周"。同时张士诚占据的地盘是元朝重要的盐产区，元朝主要的税收都来自这里，所以在几大农民起义势力里，张士诚遭到了元朝大部队的镇压。元顺帝倾尽全国兵力，号称"百万"，前去镇压张士诚。

**小Q：** 这就好像自己家钱包被人抢了，一定要夺回来。

**姜sir：** 面对元朝军队的猛烈攻势，张士诚的军队死伤无数，数次出兵都大败，无奈之下，张士诚只好退守高邮，元军把高邮层层围住，城内的张士诚只能孤军作战。两个月后，城中的粮食和武器所剩无几，起义兵死伤严重，只剩下几千人。

**小Q：** 张士诚不会投降了吧？

**姜sir：** 投降与自寻死路没有差别，这时候投降，元军也不会放过他的。但最终结果，竟然是张士诚赢了。

**小Q：** 什么？这也太反转了。

**姜sir：** 这就得看元顺帝了，当时负责攻打张士诚的是元朝超级重要的大臣——脱脱。他可以说是元顺帝"一人之下，

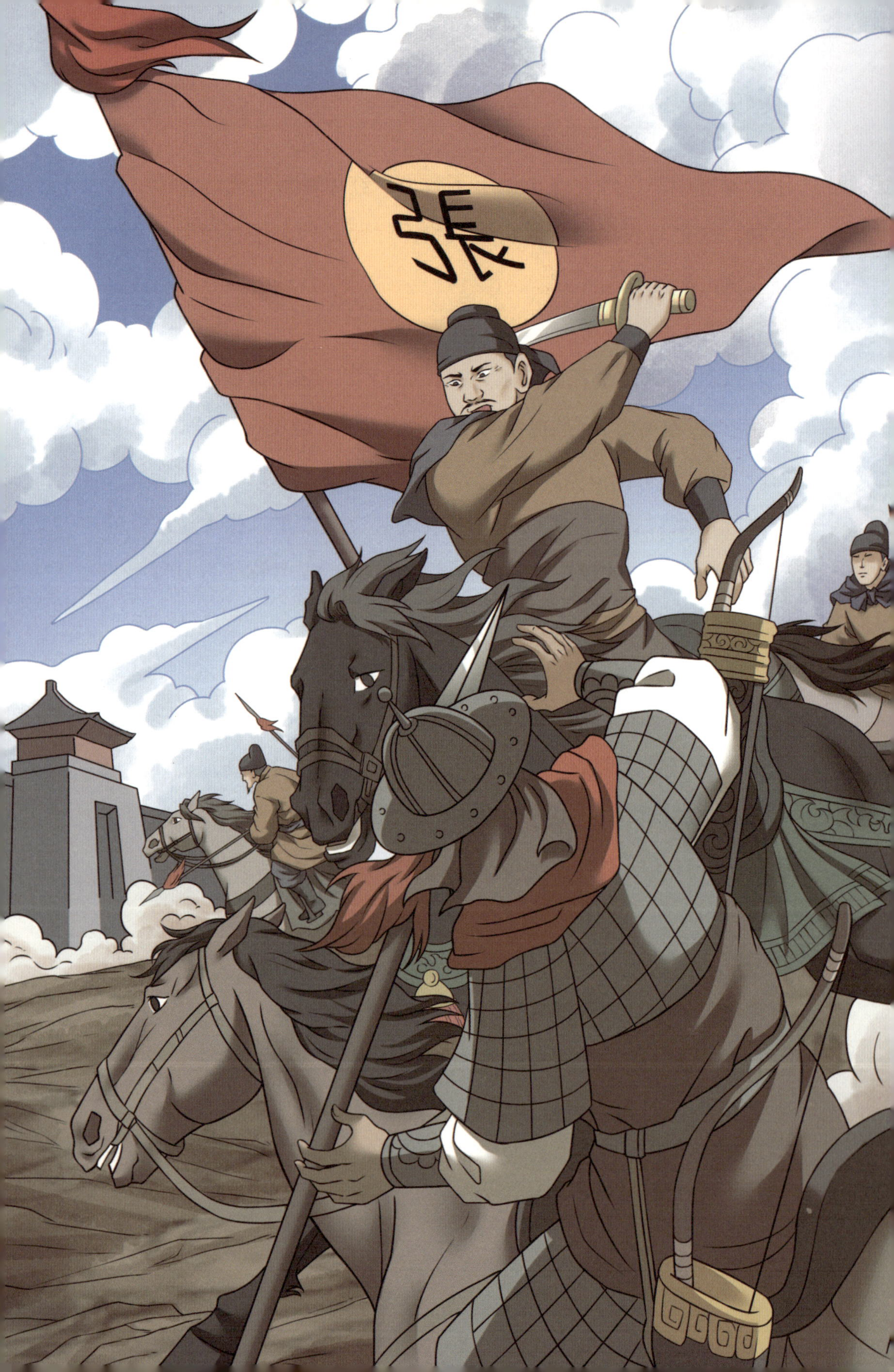
張

万人之上"，当时主要的国家大事都是由他负责，前朝历史《宋史》《辽史》《金史》就是由脱脱负责挂名编写的，黄河的修河，对起义军的镇压，也都是他负责，但他被元顺帝杀了。

**小Q**：为什么啊？这么关键的时刻把自己重要的大臣给杀了？

**姜sir**：当时有人就和元顺帝说，打了3个月，国家花了那么多钱也没打下来，国家的钱都让脱脱花了，官员也都听他的，不听皇帝的。于是元顺帝越想越不高兴，就收回了脱脱的兵权，后来脱脱就被贬了。大臣们都觉得脱脱是个好官，但是皇上被蒙蔽了，最终不仅贬脱脱的官，还连累到脱脱的孩子。害脱脱的人还不放过他，最终下毒将他毒死。

**小Q**：在古代做官真难，光有才华是不够的，还要获得皇帝的信任。

**姜sir**：打仗最忌讳战场上换指挥官，新派去的指挥官根本无法调动这支军队。见此情景，张士诚立刻率领起义军杀出城来，元军四散奔逃，慌乱中自相践踏而死的数不胜数。而张士诚一战成名，很多人都慕名前来投靠他。这场战争是元末农民起义的一个重要转折点，元军在之后对起义军的战争中不再占据绝对优势。那最后谁能脱颖而出灭掉元朝呢？我们下节见。

## 198 脱颖而出的朱元璋

各位同学，大家好，我就是那个人见人爱、花见花开、车见车爆胎的姜 sir。

大家好，我就是那个负责问问题的小 Q 同学。

姜 sir：历史上建立朝代的伟人有很多，但要论最励志的开国皇帝，那恐怕要数明太祖朱元璋了。1328 年，朱元璋出生了，他的父亲没有文化，只能以排行给他取名朱重八。

小 Q：就是元文宗当上皇帝的那年。

姜 sir：为了能吃饱饭，朱元璋很小的时候就给地主家放牛。后来他的父亲、母亲、大哥、大哥的儿子相继去世，为了活命，朱元璋出家当了和尚。但只做了几十天的和尚便被打发出门，靠化缘度日，其实和要饭也差不多。朱元璋后来收到了儿时伙伴的来信，邀请他参加郭子兴的义军。投奔了红巾军后，朱元璋作战勇猛、机智灵活，很快就崭露头角，被郭子兴器重，并把自己的养女嫁给了朱元璋，也就是后来的马皇后，还给他取了个新名字"朱元璋"。

小Q：朱元璋势力逐渐变大了吧？

姜sir：后来郭子兴被元军围杀，朱元璋拼死相救，感动了郭子兴。郭子兴死后，朱元璋接管了郭子兴的部队。但随着朱元璋势力的增大，朱元璋也成了起义军各方势力的眼中钉，一场大战不可避免地展开了。

小Q：蒙古军队这时候干吗呢？起义军互相打起来，不怕蒙古军队趁机消灭他们吗？

姜sir：各路起义军在江南地区厮杀的时候，元朝军队也没闲着，忙着内斗呢。阿鲁辉帖木儿作为北方势力较强的宗王，给元顺帝写了一封长信，里面列举元顺帝很多罪状，大概意思就是"大元的版图是历代祖宗皇帝靠着出生入死的争战才得来的，你现在随随便便就把中原疆土的一半丢掉了，还有什么脸面坐在皇帝的位子上！依我看来，不如让我来替你做这个皇帝吧！"

小Q：这不就是要造反吗？

姜sir：所以元朝内部就打起来了，虽然平定了叛乱，但不久又打起来了，可以说元朝末期一直处于内乱之中，西北与朝廷有矛盾、太子与皇帝有矛盾、军阀与朝廷有矛盾、军阀之间有矛盾，无休无止。一直到朱元璋平定了南方，开始北伐了，元朝的这些矛盾才停止下来。

**小Q**：真是太能折腾了。

**姜sir**：元朝在北方折腾，朱元璋在南方也不是一帆风顺。当时陈友谅自立为大汉皇帝，控制着长江中游地区，兵强马壮。1363年，陈友谅出动水陆两军号称60万人围攻朱元璋所占领的江西洪都，就是今天的江西南昌。当时朱元璋正在进攻张士诚，守卫洪都的只有2万军队。

**小Q**：六十万打两万，很轻松。

**姜sir**：守城的就是朱元璋的侄子朱文正，爱好就是吃喝玩乐，每天都是花天酒地，不管军队。

**小Q**：朱元璋怎么能派这样的人守城呢？

**姜sir**：洪都非常重要，一旦被敌人攻破，朱元璋的地盘等于大门敞开任人掠夺，而当陈友谅的大军兵临城下时，朱文正却好像换了个人一样。他在城里用有限的士兵排兵布阵，在开战的前一天，朱文正一脸严肃地开了一次大会，他对部下发表讲话，大致意思是："我知道你们不喜欢我，但现在大兵压境，我们都是一条绳上的蚂蚱，要生要死都得在一起。不过如果现在有人要回家或是投降，我也不阻拦。只希望愿意留下来的人能与我生死与共！"

**小Q**：又是一个电影里主人公英雄出场的感觉。

**姜 sir**：陈友谅大军兵临洪都城下。陈友谅在观察过后，决定先攻击洪都抚州门，抚州门守将艰难死守，但无奈陈友谅的舰艇本就高大，战舰投石机快速将抚州门撕开了一道缺口，但守将邓愈立刻叫了一队火铳兵，在城墙头疯狂射击登城部队。在火铳的火力覆盖下，陈友谅登城部队损失惨重，邓愈加紧抢修缺口。朱文正得知抚州门战事吃紧，带着两千预备兵火速赶往战场。战斗整整持续一整天，陈友谅死活拿不下抚州门，无奈只能退兵。

**小 Q**：抚州门这么难打，那就换个地方打，毕竟陈友谅人多啊。

**姜 sir**：陈友谅第二天就进攻新城门，但守将薛显果断出击。召集骑兵，打开城门就冲杀出去，陈友谅部本以为明军会龟缩城内，就没做任何防守准备。陈友谅措手不及，大败于新城门下。就这样，朱文正带着他那几个可怜的士兵坚持抵挡陈友谅 60 万大军一个多月，真的快坚持不住了。在这之前朱文正并没有求助朱元璋支援，但没隔多久，陈友谅再一次发动了更大规模的进攻，朱文正知道洪都已经到了极限。于是他派了一个叫张子明的手下去见朱元璋，请求支援。张子明走了半个月才见到朱元璋。朱元璋听了张子明的汇报后，决定起兵去洪都与陈友谅决一胜负。他命张子明先回去，自己率大军随后就来。张子明问要多久，朱元璋答要一个月。

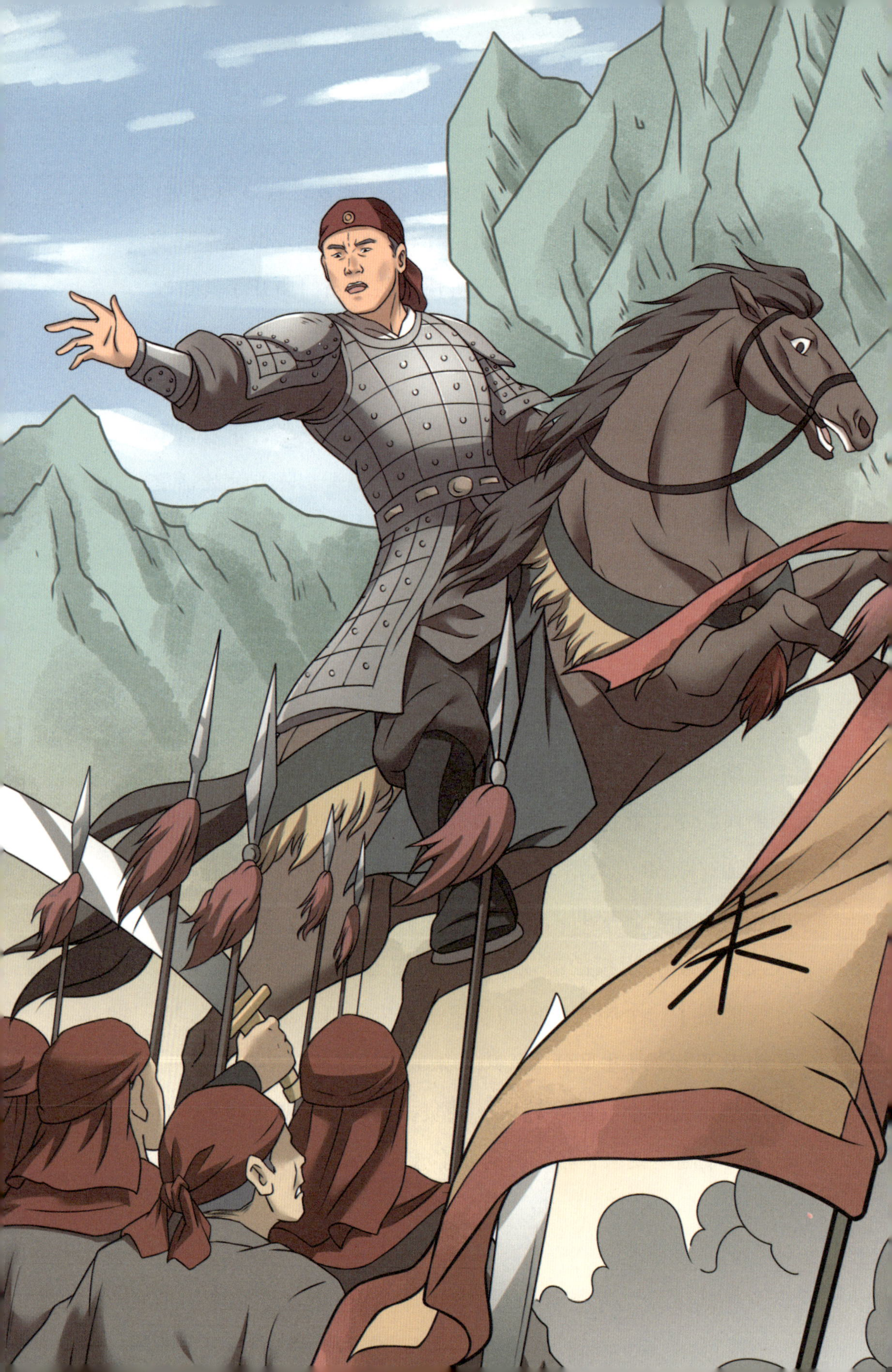

**小 Q**：洪都等不了一个月吧，这也太慢了。

**姜 sir**：张子明也不敢反对，回去的路上却被陈友谅的士兵抓获了。陈友谅威胁张子明说不合作就把他杀了，张子明同意归降。陈友谅就命令张子明对城里喊话，让朱文正他们投降。

**小 Q**：人固有一死，得学习文天祥。

**姜 sir**：张子明喊的是："已见主上，令诸公坚守，救且至！"意思就是大家坚持住，大军就要到了。陈友谅一怒之下杀了张子明。洪都里的人都听到了这句话，本来已经失去的士气一下子恢复过来，朱文正更加卖力地组织抵抗，从开始到结束，朱文正带领着洪都军民足足坚持了85天，这便是著名的"洪都保卫战"。此战不仅消耗了陈友谅的有生力量，而且为朱元璋的反攻赢得了时间。接下来，朱元璋就要和陈友谅之间打一场我国古代历史上最为壮大的水战，过程有多么惨烈呢？我们下节见。

## 199 鄱阳水战定江南

各位同学，大家好，我就是那个人见人爱、花见花开、车见车爆胎的姜 sir。

大家好，我就是那个负责问问题的小 Q 同学。

姜 sir：上节我们说到朱元璋和陈友谅之间要进行大决战，就是鄱阳湖之战。先看一下双方的兵力，陈友谅一方：号称 60 万大军倾巢而出，并且各种重型战舰多达上千艘，其余小船更是不计其数。反观朱元璋这边：总兵力只有 20 万，并且没有什么像样的重型战舰，多以轻快小船为主。

小 Q：我怎么闻到了以少胜多的味道。

姜 sir：陈友谅在知道朱元璋率大军救援洪都时，就放弃了对洪都的围攻，转而进军鄱阳湖。他和朱元璋一样，都是想一举消灭对方。

小Q：水战怎么打？是用船互相撞吗？

姜sir：早期的水战因为缺乏远程摧毁敌方战船的手段，战斗方式多以接舷战为主，通常就是战船靠近对方，士兵想办法跳到对方的船上进行战斗。

小Q：那朱元璋这边的小船很难跳到对方大船上。

姜sir：双方战船的差距如果很大，那大船就会去碾碎敌方的小船。有句话叫"斗船力，而不斗人力"。随着时间的推移，到了元朝末期，虽然战船都装备了射石炮，但这种原始的火炮依然很难在远距离上给对方战船造成致命损伤，所以都还是希望自己的战船在体形上取得优势。陈友谅很多都是"巨舰"。"巨舰"还有一个名字——"楼船"，就好像船上有楼一样。一般楼船上的楼分为四层，最底下一层列矛窗，里面的士兵可以通过矛窗刺杀船外的敌人；上面两层开弩窗，楼里的士兵可以用弓弩攻击敌人；最上面一层可摆放投石机等，但这种船也有劣势，就是移动起来很慢，在朱元璋和陈友谅的交战中，双方的战船上不仅使用抛石机，还配备了火炮。

小Q：这场水战看来会很激烈。

姜sir：朱元璋把自己的舰船分20队，全都配上大小火炮、火铳、火箭，以及弓弩等。按照朱元璋的命令，各队接近敌舰后，首先朝对方发射火器，然后用弓弩攻击。总之，就是移动着打，仅在头一天，陈军的巨型战舰就被火炮干掉二十多艘，被杀的和被淹死的不计其数，朱元璋军队也有不小伤亡，被击沉了几十条战船。

**小Q**：我怎么感觉是赤壁之战的升级版。

**姜sir**：陈友谅还真把所有的战船用铁链连起来了，朱元璋挑选的勇士早就准备好了，他们驾驶装满火药的渔船，径直冲向敌舰，靠近后放火。转眼之间，陈友谅一百多艘巨舰化为灰烬，陈军死伤过半，被困湖中一个多月后，陈友谅扛不住了，决定冒死突围。朱元璋早料到他有这一招，已经把军队移到江西湖口，等他自投罗网。在突围中，陈友谅也被乱箭射死，最后朱元璋以少胜多、以弱胜强，赢得了这场战争。陈友谅所有的地盘也都归朱元璋所有。

**小Q**：我感觉《三国演义》里的赤壁之战就是根据鄱阳湖之战增加了细节。

**姜sir**：《三国演义》的作者罗贯中是元末明初的小说家，同时他还参与了反元的起义斗争，据传言和陈友谅的关系不错。《三国演义》中的火烧赤壁，是以《三国志》中的赤壁之战为原型，但在借东风、铁锁连船、火攻效果等细节上，大量融合了鄱阳湖之战的情况。但在《三国演义》中，罗贯中夸张了火攻的作用，将其升级为"一把火定胜负"。朱元璋打败陈友谅之后，三大势力就剩下张士诚了，打败了张士诚，就可以北上和元朝决战了。

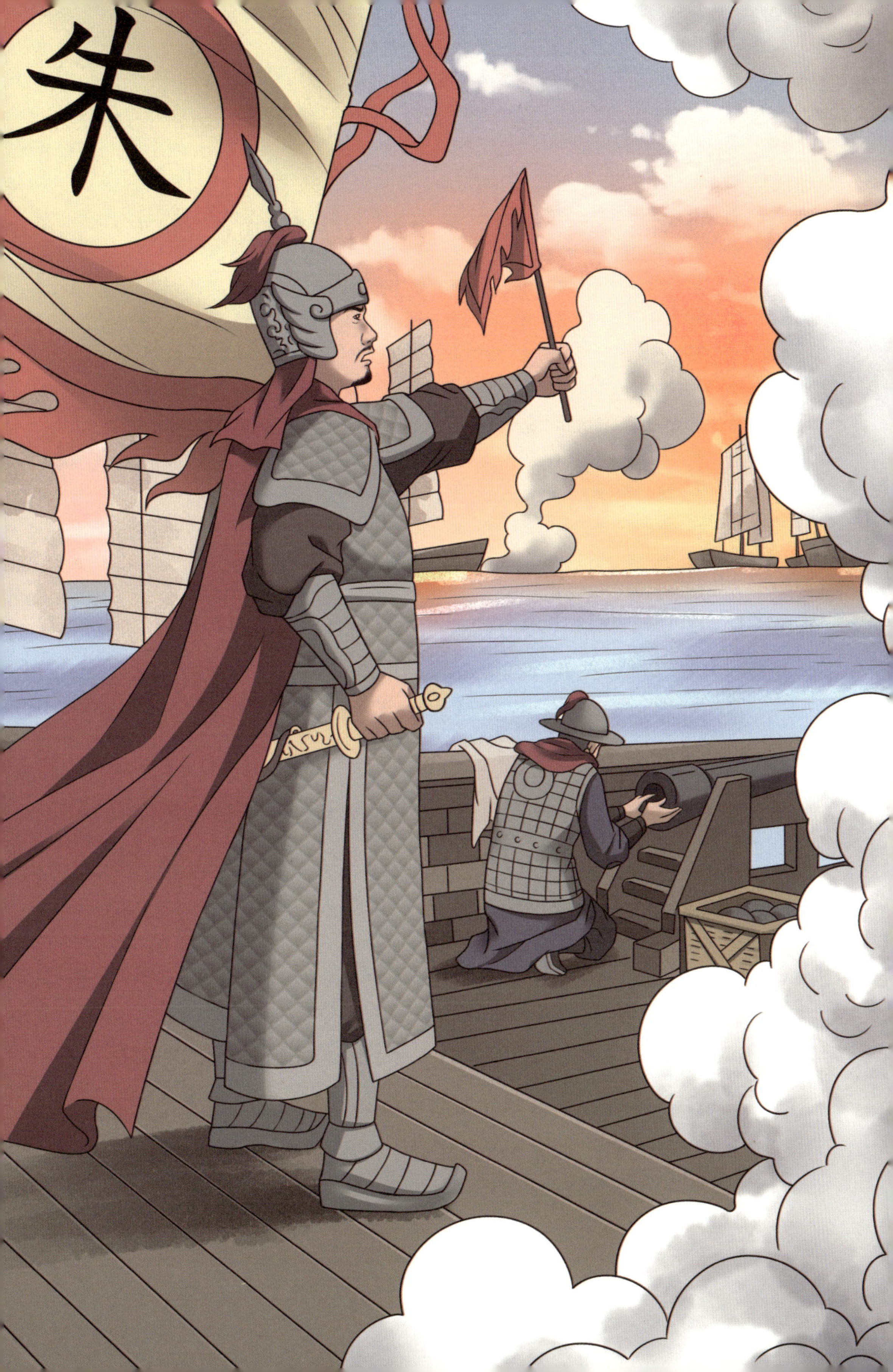
朱

小Q：怎么感觉像淘汰赛，最后总决赛呢。

姜sir：朱元璋曾经说过："友谅亡，天下不难定也。"在他眼中，最强的对手已经被消灭了。

小Q：张士诚为什么不趁着朱元璋和陈友谅打仗的时候偷袭呢？

姜sir：朱元璋说过：张士诚器小，陈友谅志骄。陈友谅很厉害，但太骄傲自大了；张士诚就喜欢关着门过自己的小日子，没什么太大的野心，只想守住已经占有的土地和财富。

小Q：估计挡不住朱元璋的统一脚步了。

姜sir：最终张士诚寡不敌众，被朱元璋活捉。而被抓的人里有一位是朱元璋非常想得到的人才，叫卞元亨。卞元亨有一件很出名的事情，就是赤手空拳打死一只老虎。当时打死的是华南虎，个头在 2～2.5 米，体重在三百斤左右。卞元亨当时凭借着年轻气盛、一身肝胆，竟然徒手找老虎单挑。在与老虎碰面后，面对着老虎的扑、掀、剪，他用闪展腾挪来躲避，然后趁老虎泄气的机会用脚尖猛踢老虎的下颌骨，一招便将老虎击毙。

小Q：这个片段感觉好熟悉。

姜sir：有一个人叫施耐庵，曾经在张士诚手下出谋划策，为张士诚献了许多攻城夺地的计策。但不久后，张士诚被成功冲昏了头脑，独断专行，施耐庵苦苦劝谏却并没有什么用，于是施耐庵一气之下离开军队，后来写下《水浒传》。而其中有一段故事，就叫"武松打虎"。

**小Q：**原来卞元亨是武松的原型啊！

**姜sir：**朱元璋最终统一了南方，而这个时候，总决赛即将开打，是朱元璋北伐统一天下，还是元朝灭掉朱元璋呢？我们下节见。

## 200 王师北定中原日

**姜 sir**：各位同学，大家好，我就是那个人见人爱、花见花开、车见车爆胎的姜 sir。

**小 Q**：大家好，我就是那个负责问问题的小 Q 同学。

**姜 sir**：在整个南宋时期，"北伐"两个字是多少人心中的梦，陆游临死时都在想着"王师北定中原"，但他的临终期盼终究化为泡影，南宋朝廷不仅没能担起北定中原的重任，反而自己被灭了。而现在朱元璋将目光投向了北方。

**小 Q**：朱元璋要是成功可就太厉害了。

**姜 sir**：消灭张士诚之后，江南已经被朱元璋占领，此时，元朝内部也已经四分五裂，朱元璋遂决定用一部分兵力进攻福建、两广地区，主力部队则立即北伐。朱元璋在檄文中喊出了"驱逐胡虏，恢复中华，立纲陈纪，救济斯民"的口号。

**小Q**：这个口号怎么感觉有点熟悉。

**姜sir**：1905年，孙中山先生的"驱除鞑虏，恢复中华"和朱元璋喊出的口号非常相似。

**小Q**：我感觉会有很多人支持，谁让元朝实行了民族不平等政策呢。

**姜sir**：元朝的这次农民起义，早就不是普通的农民起义了，不只是吃不饱饭的农民，还有地主、知识分子。长期以来的民族不平等政策，让这些人对元朝心生不满。当更多的阶层联合起来时，力量是非常大的。就朱元璋的队伍而言，除朱元璋本人之外，很多将领谋士都不是普通的农民，也不是因为吃不饱饭而起义。而朱元璋这时候最大的对手是元朝将领王保保。

**小Q**：王保保是谁？听着是汉族人的名字。

**姜sir**：王保保是他的汉族名，他的蒙古名字叫扩廓帖木儿。长期生活在河南地区，被朱元璋称为"天下奇男子"。

**小Q**：听起来朱元璋很喜欢他。

**姜sir**：自明朝起，民间就流传着河南本有个叫王保保的汉族人，后投靠了元朝，并因功被赐名为"扩廓帖木儿"的故事。但随着1990年文物的出土，已经证实，王保保是蒙古人，并非汉人，王保保的舅舅察罕帖木儿非常出名，元朝末年天下大乱，元朝之所以能够再支撑十几年，多半是他舅舅察罕帖木儿的功劳。1355年，淮西红巾军30万人主动攻打察罕帖木儿，察罕帖木儿被动反击之后，红巾军被追杀出去十几里地；1356年，察罕帖木儿主动出击，把刘福通占据的西北几座城镇收复；1357年，刘福通派李武、崔德出兵陕西，陕西元军不敌，察罕帖木儿前去摆平，同年刘福通又派人西进甘、陕，察罕帖木儿带人急行军二百里，设伏击溃刘福通的人马；1358年，察罕帖木儿守河北、镇陕西，把红巾军赶出山西……此后察罕帖木儿更是频繁作战，红巾军无人是他的对手，如果不出意外，察罕帖木儿收复南方也是迟早的事，为此各路义军都担心得要命，朱元璋差点准备投降了。

**小Q**：那怎么最后没投降呢？

**姜sir**：当时察罕帖木儿手下有一名将领叫田丰。田丰早些年是红巾军起义首领刘福通的手下，趁着察罕帖木儿喝醉，杀了这位元末第一名将。金庸先生小说《倚天屠龙记》里，女主人公赵敏的父亲汝阳王就是按照察罕帖木儿写的，朱元璋听到察罕帖木儿的死讯后，感叹道"天下无人矣"，意思是没有人能够救元朝了。

**小Q**：王保保也不行吗？

**姜sir**：元顺帝当时让不满20岁的王保保全部承接察罕帖木儿的兵马，因为察罕帖木儿的部队是他一手建立起来的，朝廷根本难以插手。王保保刚上位就迅速出兵击败叛军，将

明 徐

杀害察罕帖木儿的叛将田丰消灭，稳住了军中局势。同时朱元璋派主将徐达、副将常遇春率军北进中原，一路上势如破竹，各地元军要么投降，要么不战而逃，唯独遇到了王保保不太好打。而在北伐的时候，朱元璋也在南京称帝了。

**小Q**：是不是宣布建立明朝了？

**姜sir**：1368年1月23日，朱元璋在应天就是南京，定年号为洪武，国号为明。不久后，徐达、常遇春顺利合兵，全力围攻元大都，元顺帝北上从居庸关逃亡。而元顺帝也将所有兵权都交给了王保保，在与明军对战中，他先后击败于光、李文忠等将领，基本上明朝军事上打的败仗都和王保保有关。后来朱元璋派徐达为征虏大将军，西征王保保。双方交战，王保保大败，游黄河逃生。此后，王保保再无机会回到中原。

**小Q**：可是元朝的势力还在，朱元璋会继续北伐吗？

**姜sir**：首都城破、元顺帝北逃标志着元朝灭亡，但是这并不意味着元朝彻底灭亡，因为北逃的元顺帝带走了元朝的整套行政人员以及玉玺，并且在塞北仍然使用着元朝的国号和年号，史称"北元"。

**小Q**：那威胁还是在的。

**姜sir**：北元建立后，实力并不弱，"引弓之士，不下百万众也，归附之部落，不下数千里也，资装铠仗，尚赖而用也，驼马牛羊，尚全而有也"。但北元军派系间的内斗非常严重，北元并不甘心偏安于塞北，而是对明朝发动了多起战争，由此，明朝也进行了多次北伐。但此时的蒙古骑兵已经失去了当年横扫欧亚大陆的实力，对明朝的战争，北元始终是败多胜少，但最著名的一场大胜，就是王保保打赢的。这场胜利，对双方的未来都产生了重要影响，是哪场战役呢？我们下节见。

## 201　岭北之战

各位同学，大家好，我就是那个人见人爱、花见花开、车见车爆胎的姜 sir。

大家好，我就是那个负责问问题的小 Q 同学。

**姜 sir：** 朱元璋的北伐是为了彻底消灭北元残余势力而开展的规模性战事。因为北元对明朝北方边界一直进行着袭扰。1370 年元顺帝病死后，皇太子继位，北元声势复振，大有卷土重来之势。

**小 Q：** 这可不能小瞧，人家当年就是从草原起兵夺得天下的。

**姜 sir：** 1372 年，朱元璋对北元开展第二次讨伐，又称"岭北之战"。这次北伐彻底失败了，既没能达成歼灭元军主力的目的，也没能在地图上进一步开疆拓土，明军反而损兵折将。

**小Q**：发生了什么?

**姜sir**：岭北之役是明军有史以来最大的惨败，致使大军死伤了数万人马。当时朱元璋发兵15万精锐，以徐达为主将，兵分三路进攻北元。中路以徐达为主帅，兵出雁门，这是准备用来决胜的主力军；西路和东路分别以李文忠和冯胜为统帅，这两支是偏师，主要是策应与疑兵。徐达中路大军的目的是诱使北元主力与明军决战，朱元璋定的战略是"扬言趋和林而实迟重，致其来击之"。也就是大张旗鼓，但脚底下却不要太利索，路上故意磨磨蹭蹭，为的是吸引元军主力王保保上钩，主动来攻击明军，战机果然出现了。2月29日，徐达率军队到达山西境内，蓝玉率先锋先出雁门关，遇到一小股北元的骑兵。这些骑兵见到明军后不战而逃，蓝玉率领军队开始追，最后北元军队被蓝玉一鼓作气击败。

**小Q**：我怎么感觉有阴谋呢?

**姜sir**：胜利的消息很快就传到了徐达那里，令其有些冲动起来，他决定以主力深入草原，将王保保一网打尽。3月15日，蓝玉的先锋部队与王保保的军队遭遇了，没想到的是明军轻易地将王保保再次击败，王保保的军队开始败逃。徐达如果在清醒的状态下，是可以看出北元军队这次败得古怪的，不能再急于冒进，可是急于立功的明军却未能充分觉察到，于是继续进攻，造成孤军深入蒙古的局面。王保保这次采取的就是诱敌深入的计策，为徐达布下一个大口袋。

**小Q**：结果肯定是中了埋伏了。

**姜sir**：徐达狼狈南逃。撤退途中，负责断后的军队又被击败，明军死伤数万人。祸不单行，李文忠统率的东路军失去主力策应，也受到元军重创，撤退途中还迷了路，战士渴死饿死很多，只有冯胜的西路军顺利攻占甘肃。整体来看，这次北伐失败了。

**小Q**：徐达不是挺厉害的吗？怎么这么不小心？

**姜sir**：徐达与王保保并不是第一次交手，之前他都没输给过王保保，心理上建立了优势，也存在对敌人的一些轻视。同时徐达是强烈的主战派，北伐建议就是他提出来的，"愿鼓舞将士，以剿绝之"，显然他认为王保保是手下败将，轻轻松松手到擒来。同时古代作战，受天气影响极大，明朝史料里不愿提及岭北之败，对其记述极为简略，但蒙古史书中也记载了"天降特大暴风雪，使朱葛的兵马自相践踏，死亡惨重"。综合来看，王保保诱敌深入的成功、徐达的轻敌冒进、暴风雪的袭击，导致了此战的结果。

**小Q**：那下次小心点、谨慎点，继续打呗。

**姜sir**：这次失败，让朱元璋意识到北元不是轻松就可以彻底消灭的，一味追求迅速灭亡北元力有不逮，深入漠北风险极大。因此，朱元璋调整了对北元的策略。同时，这次的战败让明朝战马损失惨重,这可不是立刻就能补充的。1390年,明朝清点全国兵马数,官兵合计一百二十多万人,战马只有四千五百多匹,在岭北之战以后长达15年的时间里,明军也未曾大规模讨伐过北元。明朝从战略进攻转入战略防御。同时岭北之役后,北元的统治就此逐步稳定下来,但是北元也没办法对明朝产生致命的威胁。

**小Q**:那元朝是怎么灭亡的?

**姜sir**:元朝为什么灭亡?第一点就是战争,在元朝很难听到"休养生息"四个字,一直在打仗,和自己人打,和起义军也打。仅1280年统一中国后,有记录的元朝战争就已多达近230场。第二点就是频繁地换皇帝,自己折腾自己。第三点就是民族政策让蒙古人被孤立,元朝末期的农民起义实际上就是汉族人的起义。

**小Q**:又赶上了自然灾害,黄河还决堤了。

**姜sir**:除元朝自己的统治问题以外,自然灾害也是一方面原因。不仅仅是元朝,当时其他各国的自然灾害都比平时多,欧洲爆发了被称为"黑死病"的鼠疫,夺走了2500万欧洲人的性命,占当时欧洲总人口的1/3。当时中国的气候也开始变冷,1328年、1329年连续出现两个极为严重的寒冬,连位于江苏省南部的太湖都冻上了很厚的冰。

**小Q**:这算天灾人祸吧?

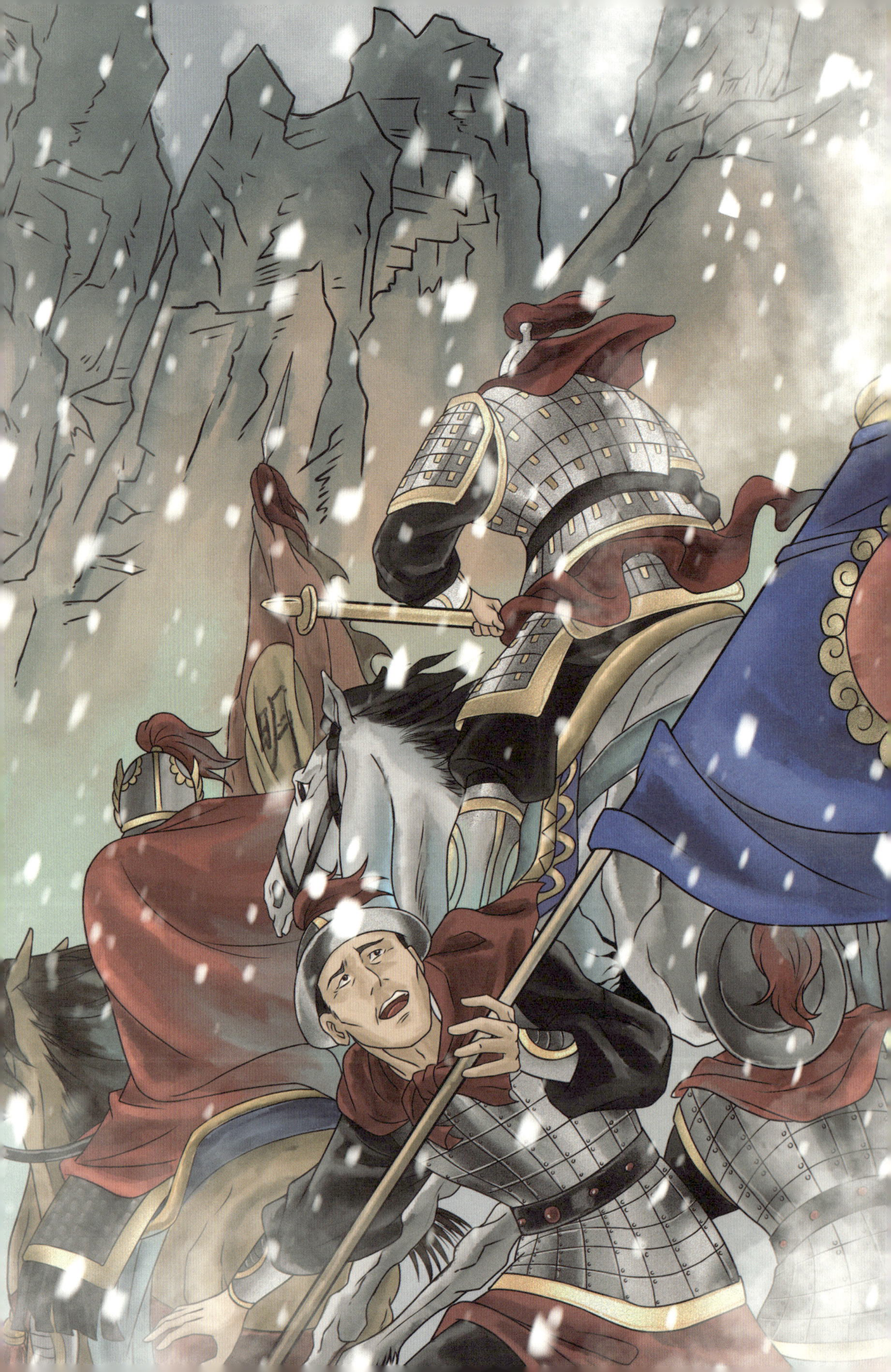
明

**姜 sir**：天灾避免不了，人祸还不少，那贪污的方式各种各样。1303年，元成宗曾大力整顿这种贪污现象，一次竟然就有18473名贪官被撤职。

**小 Q**：这么多!

**姜 sir**：元朝初期的很多年不给官员发工资，或发很少的工资，这就导致各级官吏积极地贪污。初次拜见索要见面礼叫"拜见钱"；没事平白无故索要叫"撒花钱"；赶上逢年过节索要叫"追节钱"；过生日索要叫"生日钱"；迎来送往叫"人情钱"；打官司叫"公事钱"，如此等等，可以说是五花八门。

**小 Q**：那皇帝也不管?

**姜 sir**：忽必烈和元成宗时期修订的《赃罪法》，是中国历史上第一部独立成文的反贪污、反腐败的法律，但是后期没人执行。元朝大部分时间都在忙着争皇位，皇帝也需要这些官员贵族的支持，于是这种官员欺压百姓的行为就引起了一些作家的不满。元代著名剧作家关汉卿的代表作就是当时官场黑暗的写照。他写了什么呢？我们下节见。

## 202　元曲是可以演的

**姜 sir**：各位同学，大家好，我就是那个人见人爱、花见花开、车见车爆胎的姜 sir。

**小 Q**：大家好，我就是那个负责问问题的小 Q 同学。

**姜 sir**：每一个朝代都有每一个朝代擅长的文学形式，比如唐朝有诗，宋朝有词。小 Q，你知道元朝的代表文学形式是什么吗？

**小 Q**：这难不倒我，唐诗宋词元曲。

**姜 sir**：这就叫"唐诗，宋词，元曲，各绝一时"。元曲包括杂剧和散曲，散曲是元代文学的主体。但元杂剧的影响超过了散曲，所以也有人说元曲就指杂剧。

**小 Q**：杂剧和散曲有什么区别吗？

**姜 sir**：散曲从宋词发展而来，是配合当时北方流行的音乐曲调写的歌词，属于音乐文学。比如，著名的《天净沙·秋思》："枯藤老树昏鸦，小桥流水人家，古道西风瘦马。夕阳西下，断肠人在天涯。"而元杂剧是将北方流行的音乐、舞蹈、表演结合在一起的戏剧形式，代表作有《窦娥冤》《倩女离魂》《汉宫秋》《梧桐雨》等。

**小Q：** 也就是说，散曲主要是唱的，而杂剧是有唱有情节的。

**姜sir：** 元杂剧被称为活文学，其剧情合理、唱词优美、对话简洁、人物形象突出，非常适合舞台演出。当时的戏班很多，因为每一部元杂剧都需要很多演员演出。据记载，一般的演出流程是先在四处张贴类似于广告的招牌，就像现在的电影海报一样，用来吸引观众。开演前有"参场"，就是全体演员与观众见面，展示演员阵容；接着开始报幕，叫"开呵"，向观众介绍剧情；开呵结束，演出正式开始，叫正戏；正戏演出完毕，还有"打散"。

**小Q：** 打散？是把观众都赶走的意思吗？

**姜sir：** "打"就是"演"，"散"是指"散场"，是加演送客的一些小节目。

**小Q：** 听起来很吸引人，可为什么在元朝这种戏曲就繁荣了呢？

**姜sir：** 第一，元朝入主中原打破了艺术表演的宫廷化，虽然两宋时期已经有了勾栏瓦舍这种面向百姓的娱乐场所，但很多精彩的艺术表演也还是停留在贵族阶层里。老百姓是看不到的，可随着元朝统一全国，原本属于宫廷表演的一些宫廷戏就走进了民间。第二，元朝的蒙古贵族们非常喜欢戏曲，这也促进了元杂剧的发展。第三，就是文人的大量参与，两宋时期，文人瞧不起这种类似于剧本的创作，觉得不如写诗词高雅。

**小Q：**那为什么到了元朝就愿意写了呢？

**姜sir：**科举被停了很多年，堵死了大多数文人当官的路。即使是恢复了科举，录取的人数也不多。可这些文人也得生活，那个年代不像现在有很多行业可以去参与，所以搞戏曲创作就是一条路。据统计，有姓名的元杂剧作家有二百人左右，其中的关汉卿、马致远、郑光祖、白朴合称为"元曲四大家"。

**小Q：**那是不是也和现在的电影一样，分成很多类呢？

**姜sir：**元杂剧深刻地反映了当时的元代社会生活，上到国家大事、下到老百姓家庭纠纷都有演出，什么类型的都有，好的坏的都有，但其中弘扬爱国主义理想和民族传统美德这一类的是元杂剧的精华。

**小Q：**元杂剧看现场演出肯定十分精彩，你能不能给我简单地"开呵"一下。

**姜 sir**：这么快就知道简单介绍剧情叫"开呵"了。那就得提到元朝的王牌编剧,"曲圣"关汉卿了,《窦娥冤》《救风尘》《望江亭》《拜月亭》《单刀会》都是他的代表作,其中的《窦娥冤》更是我国古代悲剧中的代表作品。

**小 Q**：悲剧啊,我可得准备点纸巾,擦眼泪。

**姜 sir**：《窦娥冤》全名《感天动地窦娥冤》,故事来自《列女传》中的《东海孝妇》,关汉卿对其进行改编就是为了批判当时元朝社会的黑暗和不公平。《窦娥冤》讲述的是穷苦书生窦天章为了还钱,将 7 岁的女儿窦娥,原名端云,卖给了蔡婆婆。10 年后,17 岁的窦娥与蔡婆婆的儿子结婚。可是两年后蔡婆婆的儿子去世,之后一个叫张驴儿的想娶窦娥,窦娥不愿意,张驴儿就想毒死蔡婆婆,让窦娥没有亲人,好强行娶了窦娥。

**小 Q**：还有这种坏人,报官抓他。

**姜 sir**：可张驴儿却不小心毒死了自己的父亲。于是张驴儿恶人先告状,报了官,诬陷窦娥,说是窦娥下毒杀害张驴儿父亲。衙门的官员收了张驴儿的钱,对窦娥用刑,想逼迫窦娥认罪,可窦娥打死都不认罪,之后官员竟然拿蔡婆婆威胁窦娥,窦娥如果不承认,就要给蔡婆婆用刑,窦娥无奈只好认罪。

**小 Q**：太气人了,太黑暗了!

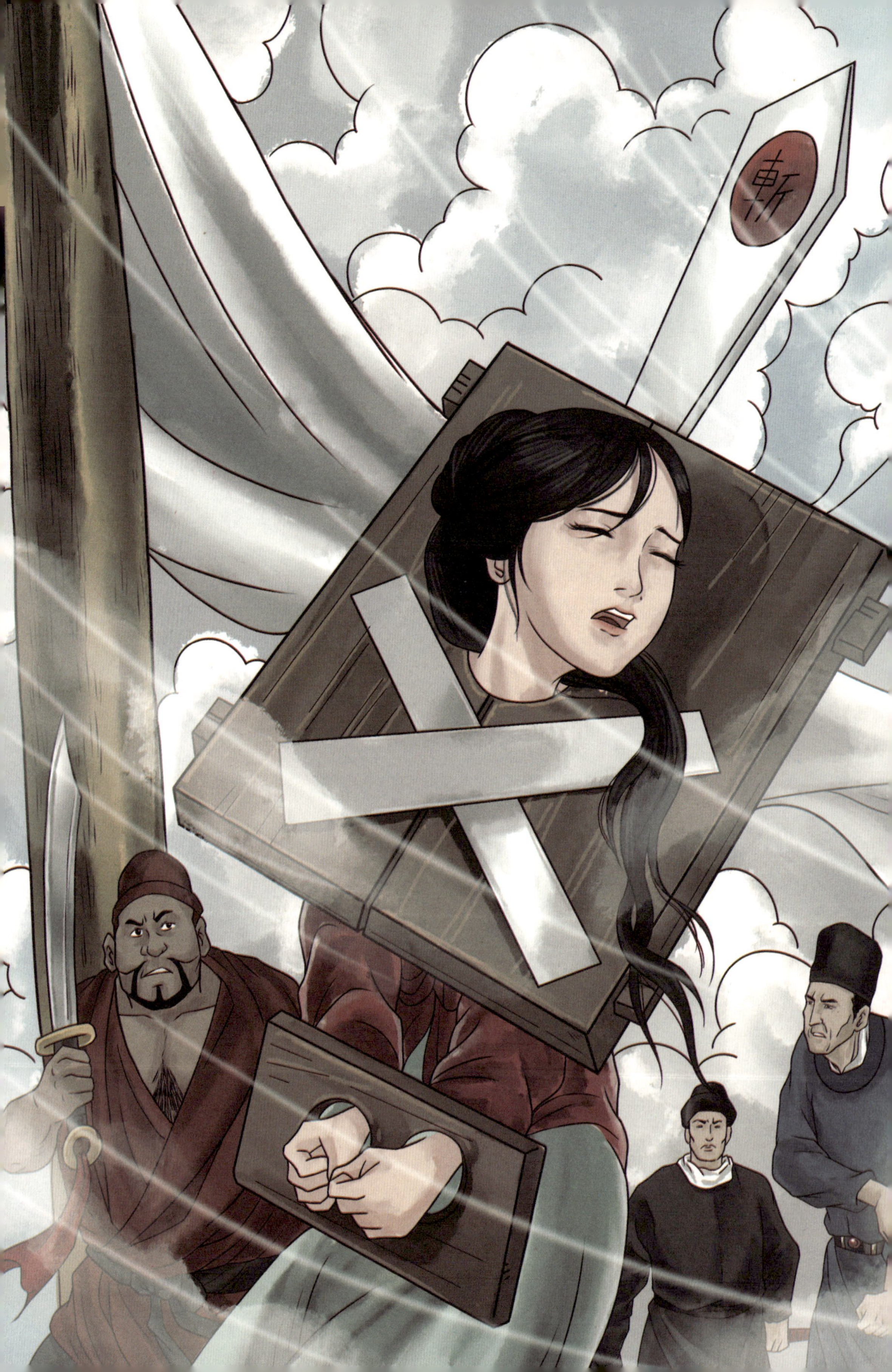
斬

**姜 sir**：窦娥在被杀之前许下三个诅咒："血溅白练，六月飞雪，大旱三年。"这三个诅咒最后都应验了。

**小 Q**：这不是杀了好人，放过了坏人吗？

**姜 sir**：当年卖女儿的窦天章已经做官，收到女儿的托梦，最终为窦娥平反，坏人得到了严惩。

**小 Q**：真想去看看现场表演的窦娥冤。

**姜 sir**：在当时动乱的时代背景下，窦娥不仅仅是窦娥，她更是广大悲惨老百姓的代表。接下来，我们要告别元朝，迎来明朝了。

**小 Q**：等一下，我刚擦完眼泪，元朝是蒙古族的天下，一定会有大量蒙古族的美食传入中原。

**姜 sir**：以为小 Q 沉浸在悲剧中能忘了吃呢，好吧，下一节让我们感受一下元朝的美食，都会有什么呢？我们下节见。

## 203 羊肉好吃吗？

**各位同学，大家好，我就是那个人见人爱、花见花开、车见车爆胎的姜 sir。**

**大家好，我就是那个负责问问题的小 Q 同学。**

**姜 sir：**每个朝代都有自己独特的饮食习惯，说起元朝，那一定离不开牛羊肉了。吃涮羊肉，真是人生的享受。一片片薄薄鲜嫩的羊肉下入热水中，几秒就可以吃了，夹起来蘸一些调料，一口下去，多么惬意的事情。

**小 Q：**涮羊肉是不是就是元朝时发明的？

**姜 sir：**有一种说法是忽必烈发明的，据说忽必烈率大军南下征战时，在经过几次激烈的战斗之后已是饥饿难耐，这时他忽然想起家乡的清炖羊肉，可是士兵前来报信，说有敌军追赶过来，厨师知道这时再做清炖羊肉肯定来不及了，于是灵机一动，将羊肉切成薄薄的片，往锅中涮一涮，撒上葱花等配料吃。另外一种说法认为涮羊肉起源于清朝，那时候的涮羊肉被称为羊肉火锅，据说是宫廷佳肴，一般的老百姓是吃不到的。还有的说法是起源于宋、辽。

**小Q：** 有涮羊肉是不是还有烤羊肉啊？

**姜sir：** 烤全羊可是元代诈马宴上必不可少的美食。诈马宴被誉为蒙古族的第一宴，名字有两个版本的解释。第一个版本说诈马是蒙古语，意思是去掉毛发的整畜；第二个版本是汉语，诈是漂亮的意思，诈马宴就是要骑装饰华丽的马前往的宴会。

**小Q：** 一定有很多好吃的吧？

**姜sir：** 诈马宴的参加者是元朝的最高统治集团。每年6月举行，宴会开始后开始喝酒，然后上奶食品和羊内脏，再上一些以牛羊肉为主的菜。

**小Q：** 奶食品都有什么呢？

**姜sir：** 奶皮子，是把牛奶倒入锅中用小火煮，等表面凝结一层脂肪皮，用筷子挑起挂通风处晾干就可以了，是牛奶中的精华，招待贵宾的佳品。还有奶酪、奶豆腐、奶果子，这些都是可以吃的，喝的有奶和盐还有茶一起煮的"奶茶"，用新鲜牛奶发酵成的"酸奶"，把新鲜牛奶发酵蒸馏做的"奶酒"。

**小Q**：听着还挺有营养的，那烤全羊什么时候可以吃上？

**姜sir**：先吃一阵，一会儿厨师就会将一只头朝前，后腿弯曲的烤全羊盛在长方形木盘内端上来，其色泽金黄、香味扑鼻，在享用美食前先要拿起酒杯，敬天、敬地、敬祖先。

**小Q**：还有别的吃法和特色吗？

**姜sir**：当然有了，烤、煮、炒、炖、蒸、炸在内的现代人会的做饭方法在元朝时已经几乎都被掌握了。比如野驼蹄，就是野骆驼的驼掌，在当时很珍贵；还有鹿唇，选用驼鹿的嘴唇做的菜肴；驼乳糜，就是用骆驼奶和各种上等谷物熬制的"驼奶八宝粥"；还有天鹅肉等。

**小Q**：什么？那时候还能吃天鹅。

**姜sir**：天鹅肉是元代宫廷宴席上的必备菜肴，还有用西域葡萄酒制作的紫玉浆。元朝还出现了挂面呢。

**小Q**：挂面？就是超市里卖的那种？

**姜sir**：在元朝最早出现了"挂面"一词，将面挂在高处，底部搭一个木棒，用木棒的重力将挂好的面慢慢拉伸，自然风干，这样方便保存。还有一种美食叫春盘面，在面里加入羊肉、羊肚肺、鸡蛋、生姜、蘑菇等，然后再加上调料胡椒、醋和盐。还有一道特殊的菜就是烤羊心，据说吃了烤羊心后可以让人冷静下来，保持镇定。

**小Q**：我还真想试一下。

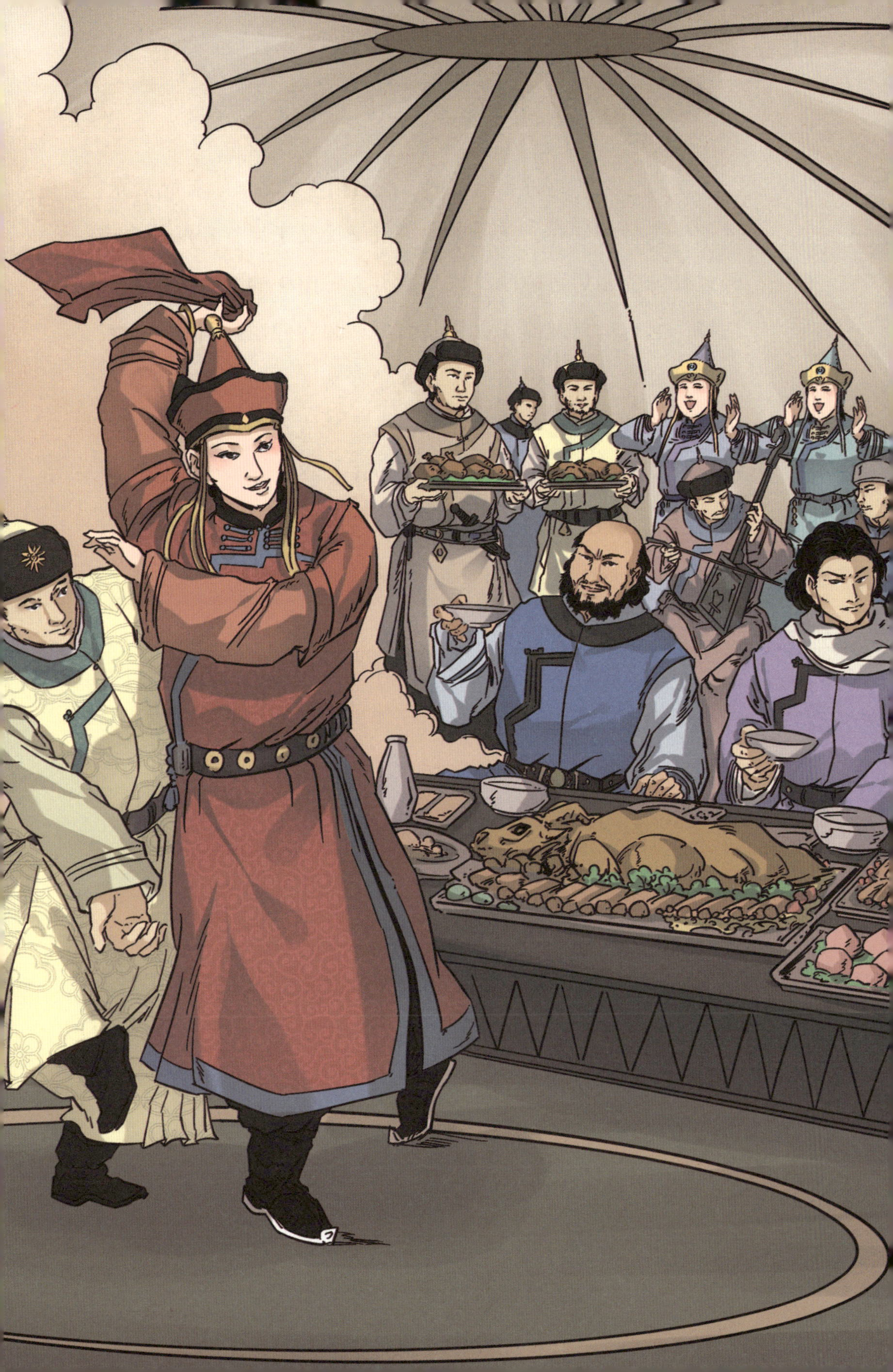

**姜 sir：** 除了这种当场吃的，还有肉干，既可以补充营养，又便于携带与储存。草原上的空气又冷又干燥，新鲜的牛肉经过特殊腌制后再晾晒，风干四五天，肉中的水分大部分会散掉，之后再用高温炭火烤制，可谓浓香四溢。同时元朝很重视健康饮食，我国第一部营养学专著《饮膳正要》就创作于元朝，这本书简直就是养生必备，又能吃得香，还能对身体好。元朝时期，人们在饮食过程中都会讲究荤素搭配、粗细搭配，当时还流行在吃饭时喝汤，汤的品种也很多，人参汤、四合汤、天香汤等。

**小 Q：** 没想到元朝也这么注重饮食文化。

**姜 sir：** 早晨起来七件事，柴米油盐酱醋茶，就是来自元曲。美食在进步，我们也要和元朝说再见了，朱元璋建立的明朝在等着我们。朱元璋统一天下后，做的几件事情可是影响很大的，他都做了什么呢？我们下节见。